Buarth beirdd

ymatebion beirdd cyfoes
i lawysgrifau cynharaf
yr iaith Gymraeg

gol. **Eurig Salisbury**

Diolchiadau

'Pan fo dyn yn "dwyn" o un llyfr, fe elwir hynny'n llên-ladrad; ond pa fo'n dwyn o lawer o lyfrau, fe elwir hynny'n ymchwil.' A dilyn doethinebu T. H. Parry-Williams, ymchwil o'r math hwnnw sydd yn y gyfrol hon. Mae'r cyflwyniadau i hanes a chynnwys y llawysgrifau'n seiliedig ar yr hyn a ddarllenais mewn llawer iawn o lyfrau.

Fel y dryw a ddringodd i'r awyr ar adain yr eryr, mae fy nyled yn fawr i nifer o ysgolheigion, a neb yn fwy na'r eryr ei hun, Daniel Huws. Diolch hefyd i gyfeillion a fu'n craffu ar rannau o'r gyfrol – Ann Parry Owen, Marged Haycock a John Koch. Fi biau unrhyw wallau a syrthiodd drwy'r rhwyd. Diolch i Elena Gruffudd, Golygydd Cyhoeddiadau Barddas, am bob cymorth, i Olwen Fowler am ei gwaith dylunio arbennig ac, wrth gwrs, i bob un o'r beirdd am fod mor barod i ateb fy ngheisiadau lu.

Cynnwys

Cyflwyniad

'Mae llyfrau,' meddai Morgan Llwyd, 'fel ffynhonnau.' Os felly, o'r chwe llyfr a ysbrydolodd y gyfrol hon y tarddodd trwch holl lyfrau'r iaith Gymraeg. Chwe tharddell ddiwylliannol a dyfodd yn rhyferthwy, ac mae eu dyfroedd yn llifo'n llafar hyd heddiw.

Mae rhywfaint o natur anghysbell nant fynyddig yn perthyn i bob un o'r llyfrau hyn. Fe wyddon ni oll fod y darddell yno, yn rhywle. Ond tasg anodd a blinderus fyddai dod o hyd iddi a dilyn ei thaith drwy'r cymoedd a'r pantiau i lawr i'r gwastadeddau. Nod y gyfrol hon yw tywys cynulleidfaoedd newydd tuag at yr hen ryfeddodau hyn, a dangos nad ydyn nhw cweit mor ddiarffordd â'r disgwyl.

Gwerth pennaf y chwe llyfr yw'r ffaith eu bod yn dal i fod yn berthnasol heddiw. Nid chwareli mohonynt, nid pyllau glo y daw eu cynnyrch neu eu defnyddioldeb, rywdro, i ben. Maen nhw'n gronfeydd diddiwedd, ogofâu hud o drysorau y gall unrhyw un a chanddo ddychymyg eu defnyddio a'u hailddefnyddio fel y myn. Yn y gyfrol hon fe welir ffrwyth gwaith cloddio un ar bymtheg o feirdd cyfoes. Canran fechan, mae'n wir, o'r holl ddefnydd sydd wedi ei wneud o'r chwe llyfr yn ddiweddar – o ffilmiau i ddramâu i lyfrau comics – ond cipolwg gwerthfawr ar bwysigrwydd parhaol y llyfrau i farddoniaeth Gymraeg.

Benthycwyd teitl y gyfrol hon o Lyfr Taliesin. Teitl y bumed gerdd yn y llawysgrif honno yw 'Buarth Beirdd'. Un o hen ystyron 'buarth' oedd 'man ymgynnull' neu 'hafan', ac yn yr ystyr hwnnw y cyfeiriodd Iolo Goch, yn ddiweddarach, at gartref Owain Glyndŵr fel 'Buarth clyd i borthi clêr'. Enw'r cartref hwnnw, wrth gwrs, oedd 'Sycharth, buarth y beirdd'. Yn ysbryd croesawgar y gair y galwyd ar y beirdd cyfoes

'Buarth Beirdd',
y bumed gerdd yn
Llyfr Taliesin, ffolio 3r

dantie laudantiu tu es mores rer regum .

herfer auu ac auyo vch nef 1s nef meint yf
syd . ar meint agredbyl ygk̄werd . agwdıf twy
coystus dofyd . meint ar lit twy yrodyd . trugar
dub dygerenlyd . Anbwyr gwar ane ar gbledıc .
nyth godbyf syn bwyf dıennıc . Boıt yr gwyn
pop colledıc . ffeıt ydhaol eıslyoedıc . uy reha bwt
ryodıc . o ryret pressent pan byf dıc . traethaf
pan bydıf yggro o ossymdeıth o sepıo . o rysır
omerthyr elo . yn edryfynt semt segerno . o
eır pechawt pan ym lo . dım uch dım meınt
am clyho .   Buarth berd

buarth berd

Ed ymy̆peılli ɳ ymybyllat . y berd brychon
yrydeıt ofer . ym ryorsleu ym ryorsed . dı
galon gofal ygofangord . byf eıslygpen kyfys
ar gerd . Buarth berd ar uys gwypo . pymtheg
mil drostub yny gymlbysslau . byf berdolıat .
byf kennyat elaer . byf dur byf dryo byf saer byf
gyo . byf saust byf serch yd ym gostaf . Sye byf
bard syn yn aryfeındaw . pan gan keınyeıt
canu yg kof . nyt ef denafut by ryfeo vchon .
handıt amı eu heırbymyau . mal auıolı dıllat heb
lau . bal ymlawd yn llyn heb nab . Byrut achel
chofyn y grad uchel y gbaed mordbyt tıefyo .
Creıc am damec . brth babr trefnat . anclıt
yscrut escarnedyat . Creıc pen perthen pen
anygnat . yn gbna medut meddabt medyd .

i gynnull eu cerddi yn y gyfrol hon. Ond ar yr un pryd fe gadwyd mewn cof rywfaint o ystyr y gair heddiw fel lle i weithio ynddo. Nid buarth dihalog mewn amgueddfa mohono, ond un sydd, diolch i'r drefn, yn dal i gael ei ddefnyddio.

Barddoniaeth, wedi'r cyfan, yw prif gynnwys y chwe llyfr. Maen nhw'n diogelu bron pob un gerdd Gymraeg a gyfansoddwyd cyn tua 1330. Y nhw hefyd a ddiogelodd y Mabinogi a phob un chwedl gynnar arall. Beth pe na bai'r llyfrau hyn wedi goroesi? Byddai beirdd diweddarach yr Oesoedd Canol, mae'n wir, yn sôn am yr hen feirdd a'r hen chwedlau yn eu cerddi. Ond byddai hynny fel gwylio aderyn na all neb ei glywed yn canu. Fyddai Urien Rheged yn ddim ond enw. Fyddai brwydr Catraeth yn ddim ond hen si. A fyddai Llywarch Hen yn ddim ond hen foi crintachlyd mewn stori i blant. Dim ond llond dyrnaid o gerddi Beirdd y Tywysogion fyddai wedi goroesi, yn hytrach na'r corff mawr o ryw 240 o gerddi sydd gennym heddiw. Ni fyddai 'Poni welwch chwi hynt y gwynt a'r glaw' yn bodoli. Byddai traddodiad y canu dychan yng Nghymru yn brin o rai cannoedd o regfeydd ac anlladeiriau amrywiol a dyfeisgar. A beth, yn wir, fyddai Cymru heb chwedlau 'Pedair Cainc y Mabinogi', 'Breuddwyd Macsen', 'Breuddwyd Rhonabwy', y Tair Rhamant a'r chwedl Arthuraidd hynaf, 'Culhwch ac Olwen'?

Er mwyn i genedl sefyll ar ei thraed ei hun, rhaid wrth hyn a hyn o drysorau sy'n cadw'r cof am ei gorffennol yn fyw. Dyma gerrig sylfaen y cof hwnnw yng Nghymru, eiconau sy'n eiddo i neb ac i bawb yr un pryd. Maen nhw'n agor y drws ar nifer fawr o wahanol gyfnodau yn hanes Cymru, nid yn unig y ganrif a hanner gythryblus rhwng tua 1250 a thua 1400 pan gawson nhw eu creu, ond canrifoedd cynharach hefyd, o'r Gogynfeirdd olaf a'r Cywyddwyr cyntaf i wreiddiau Celtaidd ein mytholeg. Traddodiad llafar yn ei hanfod oedd cerdd dafod a phob math arall o ddiwylliant yn yr oes honno, fel y bu erioed. Wrth gofnodi'r traddodiad hwnnw ar femrwn roedd copïwyr blaengar y chwe llyfr – pob un ohonynt, bron, yn ddienw, bellach – yn defnyddio technoleg ddiweddaraf eu dydd.

Fel pob eicon gwerth ei enw, mae enwau'r chwe llyfr hyn yn rhan o'u harwyddocâd elfennol. Lliw yw'r hyn sy'n cael ei gysylltu gan amlaf gyda thri ohonynt – y Llyfr Du, y Llyfr Gwyn a'r Llyfr Coch. Mae dau'n dwyn enwau beirdd – ac nid unrhyw feirdd, ond y beirdd cynharaf, dau brototeip y traddodiad – Aneirin a Thaliesin. O'r tri sy'n dwyn enwau llefydd, mae un – Caerfyrddin – yn gyfarwydd, ond mae i'r ddau arall – Hendregadredd a Hergest – flas egsotig, bron fel pe baen nhw'n perthyn i fyd arall. Ac mae un yn dwyn enw urddasol y gŵr a'i noddodd, enw digon anghyfarwydd yng Nghymru erbyn hyn – Rhydderch.

Plasty Hendregadredd, *c.1870*

Rhwng 12 Hydref 2013 a 15 Mawrth 2014 cynhaliwyd arddangosfa yn Llyfrgell Genedlaethol Cymru, Aberystwyth, o'r enw '4 Llyfr: Eiconau Cymraeg Ynghyd'. Hwn oedd y tro cyntaf erioed i gynifer o lawysgrifau Cymraeg cynnar gael eu cywain ynghyd dan yr un to. Ni chafodd neb erioed mewn hanes gyfle i'w gweld i gyd yn yr un lle. Seiliwyd teitl arddangosfa'r '4 Llyfr' ar gyfrol ddylanwadol a gyhoeddwyd gan William Skene, hanesydd o Albanwr, yn 1868 – *The Four Ancient Books of Wales*. Y pedwar llyfr hynafol hynny oedd Llyfr Du Caerfyrddin, Llyfr Aneirin, Llyfr Taliesin a Llyfr Coch Hergest. Y cyntaf y mae sicrwydd iddo weld y pedwar llyfr hyn yw'r hynafiaethydd mawr

Edward Lhuyd, yn 1696 ac 1697, ond Skene oedd y cyntaf i ddangos pwysigrwydd ac arwyddocâd y pedwar. Dangosodd eu bod yn cynnwys y testunau cynharaf o'r rhan fwyaf o farddoniaeth gynnar Gymraeg.

Fodd bynnag, yn ôl Daniel Huws, byddai'n gywirach bellach sôn am bum llyfr hynafol Cymru. Yn 1910 fe ddarganfuwyd mewn hen wardrob ym mhlasty Hendregadredd, ger Cricieth, lawysgrif arall yn llawn barddoniaeth gynnar. Fe fu Llawysgrif Hendregadredd yn cysgu'n drwm ers blynyddoedd heb yn wybod i neb, a phe bai Skene yn gwybod am ei bodolaeth yn 1868, mae'n siŵr y byddai wedi newid ei rif. Prynwyd y llawysgrif (a oedd yn rhan o'r arddangosfa) gan y Llyfrgell Genedlaethol mewn arwerthiant yn Sotheby's yn 1923.

Llyfr arall a oedd yn rhan o'r arddangosfa, ac sy'n rhan o'r gyfrol hon hefyd, yw Llyfr Gwyn Rhydderch. Ffurfiodd Skene y *Four Ancient Books* yn uned ar sail eu gwerth fel casgliadau o farddoniaeth yn bennaf, a barddoniaeth yn unig a geir yn Llawysgrif Hendregadredd hefyd. Er bod rhywfaint o farddoniaeth yn y Llyfr Gwyn, ei destunau rhyddiaith, a 'Pedair Cainc y Mabinogi' yn arbennig, yw ei brif ogoniant – testunau sydd, ynghyd â'r holl farddoniaeth gynnar, yn rhan allweddol o gynhysgaeth ddiwylliannol Cymru. Ac er bod nifer o'r testunau hynny i'w cael yn Llyfr Coch Hergest hefyd, rhaid oedd cynnwys y Llyfr Gwyn ar gownt y ffaith fod ei destunau annibynnol yn werthfawr ac am ei fod, yn ei ddydd, yn unigryw.

Nid y chwe llyfr yw'r unig lawysgrifau cynnar Cymraeg. Goroesodd nifer fawr o wahanol fersiynau cynnar o gyfraith Hywel Dda, yn ogystal â thestunau crefyddol, hanesyddol, meddygol, gramadegol a rhyddiaith glasurol sy'n ymwneud ag arwyr estron. Mae'r rhain yn ffurfio corff rhyfeddol a gwerthfawr iawn o destunau, a byddai angen cyfrol arall er mwyn gwerthfawrogi eu harwyddocâd yng Nghymru heddiw.

O ran y farddoniaeth gynnar a'r chwedlau, ceir rhai darnau mewn llawysgrifau eraill sy'n perthyn i'r cyfnod c.1250–c.1400. Mae llawysgrif Peniarth 6 yn cynnwys rhannau o chwedl Branwen a chwedl Manawydan a fu, un tro, yn rhan o'r un llyfr. Mae'r un llawysgrif yn cynnwys dau gopi anghyflawn o ramant Geraint. Ceir tair cerdd gan Gynddelw Brydydd Mawr yn llawysgrif Peniarth 3, ynghyd ag ychydig o hengerdd mewn rhan wahanol o'r llawysgrif. Ychwanegwyd cerdd gan Ddafydd Benfras i'r Llyfr Du o'r Waun (Peniarth 29). Yn llawysgrifau Peniarth 7 a Peniarth 14 ceir copi o ramant Peredur, ac yn llawysgrif Coleg Iesu 20 ceir hengerdd a rhan o ramant Owain. Yr hyn sy'n wahanol am y testunau hyn yw'r ffaith eu bod, i raddau helaeth, wedi eu hynysu, naill ai oherwydd traul yr oesoedd neu o fwriad y rheini a'u copïodd. Gogoniant y chwe llyfr, ar y llaw arall, yw mai nod pob un ohonynt o'r dechrau oedd diogelu naill ai'n llwyr neu'n rhannol gorff mawr o lenyddiaeth Gymraeg. Mae'r briwsion a welir yn y llawysgrifau eraill yn dyst i freuder y traddodiad ac yn codi'r cwestiwn anochel hwnnw – faint o drysorau a gollwyd?

Dathlu'r hyn a gadwyd yw cenadwri'r gyfrol hon. Erbyn 1923 roedd pob un o'r chwe llyfr yn ddiogel mewn llyfrgelloedd. Roedd pedwar wedi ymgartrefu yn y Llyfrgell Genedlaethol a dau mewn llyfrgelloedd eraill – Llyfr Aneirin yn Llyfrgell Caerdydd (er 1896) a Llyfr Coch Hergest yng Ngholeg Iesu, Rhydychen (er 1714). Yn 2010 fe symudwyd Llyfr Aneirin o Gaerdydd i'r Llyfrgell Genedlaethol ar fenthyciad hirdymor, ac yn 2013 fe gytunodd Coleg Iesu i fenthyca'r Llyfr Coch i'r Llyfrgell am gyfnod o chwe mis. Ym mis Hydref 2013 fe ddychwelodd y llyfr enwog hwnnw i Gymru am y tro cyntaf ers yn agos i dair canrif. Er mai dychwelyd i Loegr oedd ei dynged, fe fu ei siwrnai wib i wlad ei febyd yn achlysur hanesyddol gwerthfawr. Rhoddodd fodd inni eto ddechrau ailddiffinio ein perthynas â ffynhonnau cyfoethocaf ein llên.

Eurig Salisbury

Arddangosfa'r Pedwar Llyfr

Yng nghaffi Pen Dinas, am baned ddeg,
daw pedwar i giwio ynghanol staff
a darllenwyr, rhai ymwelwyr yn rheg,
myfyrwyr Panty yn eu dillad *naff,*
a hawlio'u lle. Roedd y tri yn fwy chwim,
ond buan daw'r cochyn a llenwi'r bwrdd
a rhofio'i siwgwr, heb falio'r un dim.
Pawb â'i stori lle mae'r genedl yn cwrdd:
diferion mabinogi'n iro llwnc,
chwedlau ac awdlau fel llwyau'n y te
yn styrio, diddori, cyn newid pwnc,
a'r sŵn ym mhennau mamau'n llenwi'r lle.
Ac yna'r tawelwch ac olion blêr
briwsion eu gwledda fel 'tai'n siwrwd sêr.

Dafydd John Pritchard

Arddangosfa'r Pedwar Llyfr

Yn hendai Meirion, mae celloedd gweigion;
yn nhir Hendy-gwyn
aeth crawiau o'r to,
aeth cerrig yn ro,
a chyda'r ewyn
aeth llanw'r Aber
â thrawst a swmer o'r abaty syn.

Dim ond murmuron sydd mewn adfeilion:
darnau o'r hen fyd
ac eiddew'r waliau'n adrodd ei chwedlau'n
gynilach o hyd,
a chrefft ffenestri
a mydr y meini yn fyw am ennyd.

Er mai gweddillion
sydd hefyd yn hon
– mewn rhwymiadau hardd –
ar y memrynau
mae egin geiriau
fel rhesi mewn gardd,
a'u pennau'n tyfu
o'r blodau a fu,
yn anadl i fardd.

Myrddin ap Dafydd

*c.*1250 ■ ysgrifennu'r llyfr ym Mhriordy
Awstinaidd Caerfyrddin

*c.*1536 ■ daeth i feddiant Syr John
Prys yn Henffordd, a gafodd
ei gomisiynu gan Harri VIII i
ddiddymu'r mynachlogydd, drwy
law trysorydd Tyddewi, John Lewis

*c.*1582 ■ roedd gan Roger Morris
o Lanfair Dyffryn Clwyd

*c.*1587 ■ bu ym meddiant Simwnt Fychan
o Lanfair Dyffryn Clwyd, ac yna Dafydd
Johns, ficer Llanfair Dyffryn Clwyd

*c.*1607 ■ roedd gan Jasper Gryffyth,
casglwr llawysgrifau o Gegidfa

*c.*1658 ■ daeth yn rhan o gasgliad
enwog Robert Vaughan o lyfrau
yn yr Hengwrt, ger Dolgellau

*c.*1859 ■ daeth llyfrau'r Hengwrt
i feddiant W. W. E. Wynne
ym Mheniarth, ger Tywyn

1909 ■ daeth y casgliad cyfan i Lyfrgell
Genedlaethol Cymru drwy law
Syr John Williams

Llyfr Du Caerfyrddin

Llawysgrif Peniarth 1

Llyfr Du Caerfyrddin

Llyfr Du Caerfyrddin yw'r llawysgrif hynaf o farddoniaeth Gymraeg ar wyneb daear. O'r chwe hen lyfr, y Llyfr Du yw'r lleiaf hefyd. Mae'n mesur tua 17 cm x 13 cm, ychydig llai na maint y gyfrol hon.

c.1250

Bu anghytuno am flynyddoedd ynghylch pa mor hen yn union yw'r Llyfr Du, ond y gred gyffredinol erbyn hyn yw iddo gael ei ysgrifennu tua chanol y drydedd ganrif ar ddeg. Yr un pryd roedd y Seithfed Groesgad ar waith yn y Dwyrain Canol, roedd Sant Tomas o Acwin wrthi'n astudio diwinyddiaeth ym Mharis, ac yn Lloegr roedd Harri III ar yr orsedd. Yng Ngwynedd roedd grym Llywelyn ap Gruffudd (y 'llyw olaf') ar gynnydd, ac erbyn 1258 fe fyddai'n hawlio teitl Tywysog Cymru.

Mewn priordy Awstinaidd ar gyrion Caerfyrddin roedd mynach wrthi'n ysgrifennu cerddi ar femrwn caled. Wyddon ni ddim beth oedd ei enw na pham yr aeth ati i greu llyfr o farddoniaeth. Yr hyn sy'n debygol yw fod y gwaith yn llafur cariad dros nifer o flynyddoedd. Dilynodd y mynach ei chwaeth ei hun wrth ddewis pa gerddi i'w copïo, gan greu blodeugerdd bersonol unigryw.

Llun Sant Tomas o Acwin,
Carlo Crivelli

18

Gogonedauc argluit
hanpich guell· athuē
dimo de egluis· achagell· a·
kagell· ac egluis· a· vast
ad· a diffius· a· Teir sih
haun y ssit· Oue uch guit·
ac vn uch eluit· a· y ris
gaud ar dit· a· Siric ap
wit· athuendiguste aw
raham pen fit· a· vuchet
tiagiuit· a· adar aguen
en· a· atrpaur· a dieη·

Pan ddechreuodd y mynach anhysbys ei waith, fe ddewisodd ysgrifennu llythrennau breision iawn, gan roi lle i ryw ddeugain o eiriau ar bob tudalen. Er hardded oedd hynny, buan y sylweddolodd y byddai'n rhaid iddo leihau maint ei lythrennu er mwyn cynnwys llawer mwy o eiriau ar y dudalen. A barnu oddi wrth y newidiadau hyn ym maint y llawysgrifen, bu'r mynach yn gweithio ar y llyfr ar bedwar ar ddeg o gyfnodau gwahanol o leiaf.

> Mae'r Llyfr Du mor anghyffredin nes iddo gael ei alw gan un ysgolhaig yn 'palaeographical freak'. (N. Denholm-Young, *Handwriting in England and Wales*, Cardiff, 1954)

Yn ogystal â'r amrywio ym maint y llawysgrifen, mae'r Llyfr Du yn anghyffredin am resymau eraill hefyd. Mae'r llawysgrifen ei hun yn debyg i'r hyn a fyddai'n cael ei ddefnyddio wrth ysgrifennu mewn ambell lyfr crefyddol, ond llyfrau mawr, trwm fyddai'r rheini, nid rhyw lyfr poced fel y Llyfr Du. Ac roedd defnyddio llawysgrifen o'r safon honno er mwyn ysgrifennu barddoniaeth Gymraeg, o bopeth dan haul, yn anghyffredin iawn. Trysor personol gwerthfawr iawn, mae'n amlwg, oedd y Llyfr Du.

Mae'r Llyfr Du'n cynnwys:

- 40 o gerddi;
- 108 o dudalennau;
- 1,927 o linellau o farddoniaeth.

Roedd gan y mynach anhysbys a'i lluniodd chwaeth amrywiol iawn, a oedd yn cynnwys canu darogan, moliant, crefyddol a chwedlonol a oedd yn perthyn i gyfnodau llawer cynharach na'i gyfnod ef ei hun.

Mae'n debyg fod y canu darogan ymhlith y canu mwyaf diweddar yn y llawysgrif. Gall fod rhannau o'r cerddi darogan yn perthyn i'r ddeuddegfed ganrif a'r drydedd ganrif ar ddeg, ond cawsant eu hysbrydoli gan gymeriadau llawer iawn hŷn – Taliesin ac, yn bennaf, Myrddin. Mae'r gerdd 'Afallennau Myrddin', er enghraifft, yn seiliedig ar chwedl Myrddin, rhyfelwr o'r Hen Ogledd a fu'n ymladd ym mrwydr Arfderydd yn Rheged. Bu farw ei arweinydd, Gwenddolau, yn y frwydr honno, a ffodd Myrddin yn wallgof i Goed Celyddon, gan fyw yno am flynyddoedd dan ormes Rhydderch Hael. Mae'n debyg mai yn sgil mynd yn wallgof y trodd Myrddin yn ddaroganwr o fardd, a daeth yn gymeriad poblogaidd yng Nghymru, lle defnyddiwyd ef fel persona gan feirdd diweddarach.

Rhai o drysorau pennaf canu moliant y Llyfr Du yw dwy awdl fawl anhysbys i uchelwyr grymus yn y de, Hywel ap Goronwy o gyffiniau Caerfyrddin a Chuhelyn Fardd o sir Benfro (un o gyndeidiau Dafydd ap Gwilym). Dyma'r ddwy gerdd gynharaf o waith y Gogynfeirdd, y ddwy'n perthyn i'r ddeuddegfed ganrif. At hynny, y gerdd i

Llyfr Du Caerfyrddin, ffolio 29v

Guhelyn Fardd yw'r enghraifft gynharaf o gerdd ofyn yn yr iaith. Yn anffodus, er i'r bardd ofyn am rodd, ni nododd yn eglur beth oedd y rhodd honno! Cafodd y cerddi moliant eraill yn y Llyfr Du sy'n perthyn i gyfnod y Gogynfeirdd eu canu gan fardd mwyaf yr oes honno, sef Cynddelw Brydydd Mawr. Mae un ohonynt yn awdl farwnad i Fadog ap Maredudd, tywysog Powys, a fu farw yn 1160, ac un arall yn gyfres o englynion i osgordd Madog adeg ei farwolaeth. Mae'r naill yn gerdd bruddglwyfus am ddiwedd cyfnod o rym ym Mhowys a'r llall yn gerdd hyderus sy'n canmol rhyfelwyr y tywysog ymadawedig.

Ceir nifer fawr o gerddi crefyddol a chwedlonol yn y Llyfr Du. Un o'r cerddi crefyddol enwocaf yw 'Cyntefin Ceinaf Amser', cerdd fer, ugain llinell, sy'n gwrthgyferbynnu byrhoedledd byd natur, er ei hardded, â thragwyddoldeb y byd nesaf. Mawl i Dduw yw testun nifer o'r cerddi, fel 'Duw'r Gwaredwr', sy'n canolbwyntio ar aberth Duw (yng Nghrist, ei ffurf ddaearol) ar y Groes, a 'Gogoneddog Arglwydd', sy'n datgan bod pob peth yn y bydysawd yn gogoneddu Duw. Llawer mwy dyrys ei natur yw'r canu chwedlonol. Ceir rhai cerddi ymddiddan, fel yr ymddiddan rhwng Mechydd ap Llywarch ac eraill (yn cynnwys ei dad, o bosib, Llywarch Hen), a'r ymddiddan rhwng Arthur a'r porthor brawychus, Glewlwyd Gafaelfawr. Mae llawer o'r enwau enwog hyn – Llywarch Hen ac Arthur, yn ogystal â Geraint, Taliesin, Gwyddno Garanhir ac eraill – yn gyfarwydd iawn inni heddiw. Yn y Llyfr Du, ceir cipolwg arnynt mewn cyfnodau pan oeddynt yn dal i fod yn rhan fyw o ddiwylliant bob dydd.

Mererid

C o brin fod yr un chwedl Gymreig yn diasbedain mor swnllyd heddiw â chwedl Cantre'r Gwaelod. Trwy'r newid yn yr hinsawdd, mae'r math o lifogydd a foddodd Faes Gwyddno yn fygythiad real, nid yn unig i bobl ynysoedd y Môr Tawel ac arfordir yr Iseldiroedd, ond i drigolion y Borth, Dinas Dinlle ac arfordir gogledd Cymru. Fel daearyddwr, mae tarddiad y chwedl yr ydym oll yn gyfarwydd â hi yn ddirgelwch diddorol i mi. Ai cof cymunedol ydyw am godiad graddol yn lefel y môr dros filoedd o flynyddoedd, neu am lifogydd arbennig o fawr ar afon Dyfi? Neu ai chwedl a grëwyd wrth ymateb i nodweddion y tirlun? A drodd marian rhewlifol sarnau Bae Ceredigion yn furiau caer? A'r boncyffion coed yn nhywod traeth y Borth yn goedwig mewn cwmwd ffrwythlon? Pwy a ŵyr? Rywfodd, crëwyd chwedl hirhoedlog yn uniongyrchol o dirwedd Cymru.

Wrth ddarllen y gerdd wreiddiol yn y Llyfr Du, synnais pa mor wahanol ydyw i'r chwedl adnabyddus am feddwdod Seithenyn. Yn y gerdd, mae'r bardd yn galw ar Seithenyn i ddod i edrych ar wylltineb y môr sy'n gorchuddio Maes Gwyddno. Yna melltithia'r bardd y ferch (Mererid), morwyn y môr gwyllt a diffaith, am ryddhau'r dyfroedd yn dilyn brwydr neu alar. Mae cri ('diaspad') Mererid o uchder y gaer yn codi at Dduw wrth iddi ymbil am faddeuant. Mae ei chri yn gyrru'r bardd o'i ystafell. Mae'r gerdd yn gorffen gyda datganiad, sef bod bedd Seithenyn (rhyfelwr a phendefig, sylwch, nid y porthor chwedlonol) rhwng Caer Cenedir a'r traeth.

Mae yma elfen foesol hefyd – ailadrodda'r bardd y ffaith fod dinistr, edifeirwch, cwymp, angen a cholledion oll yn dilyn 'traha'. Ai galar sydd yma yn dilyn brwydr? A yw'r llif yn drosiad am golli'r deyrnas mewn rhyw fodd arall? Pa ran oedd gan Mererid yn y dinistr? Yn fy ngherdd i, rydw i'n cyfarch Mererid. Yn ei llais, sy'n atsain ar hyd y canrifoedd, mae sŵn iâ yr Arctig i'w glywed yn dadmer o ganlyniad i'n 'traha' ni.

Mae llais Mererid yn alarnad am yr hyn a wnaethom eisoes wrth lygru'r ddaear a chyfrannu at newid hinsawdd. Yn yr un modd ag y mae tonnau amser wedi boddi union darddiad y chwedl, felly hefyd y mae tonnau'r presennol yn bygwth boddi ein geiriau a'n chwedlau. Beth bynnag yw tarddiad chwedl Cantre'r Gwaelod mewn gwirionedd, mae ei neges am sgileffeithiau ein gweithredoedd esgeulus ni, sydd wedi ei phersonoli yn Seithenyn a Mererid, yn rhybudd pwerus.

'Boddi Maes Gwyddno',
Llyfr Du Caerfyrddin,
ffolio 53v

Mererid

Ton arall yw tyneru yn yr haf
A'r hin yn cynhesu,
Ton o wacter yn fferru
Â'i llyfnder o'r dyfnder du.

Iâ yn dadmer, Mererid, yw dy lais.
Dy lais sydd yn erlid
Geiriau dan donnau di-hid
A darnio pob cadernid.

Mae traethell lle bu'r gelli, cyll a broc
Lle bu'r ŷd yn tonni,
Hen waliau'n sarnau, a si
O'r ŵyl dan glychau'r heli.

Bob yn air, bob yn erw y trowyd
Y trai yn wŷr meddw,
A'r nos dros eu gwyliwr nhw'n
Llunio llên yn y llanw.

Mererid, y mae'r erwau dan y don
Yn dannod dy eiriau,
A nwyon yn troi'n donnau,
Dŵr y byd yn codi'r Bae.

Gan drymed diasbedain cregyn gwyn
Y gerdd, mae hen atsain
Uwch y môr, yn glychau main,
Awyr iach yntau'n sgrechain.

Hywel Griffiths

Cerdd Ddarogan

Roedd hi'n brynhawn dydd Gwener, rywbryd tua chanol y 1970au. Myfyrwraig ôl-raddedig oeddwn i ar y pryd, wedi fy nghyfareddu'n llwyr gan yr Oesoedd Canol ac yn treulio fy nyddiau yn y Llyfrgell Genedlaethol. Fel rhan o'm hastudiaethau roeddwn wedi dechrau trin a thrafod llawysgrifau, ac er mai rhai Cyfraith Hywel oedd priod faes fy ymchwil mewn gwirionedd, cefais ryw ysfa y prynhawn hwnnw i weld y casgliad hynaf o farddoniaeth Gymraeg sydd wedi goroesi – Llyfr Du Caerfyrddin. Dyma lenwi slip archebu, ac ymhen dim o dro roedd y llawysgrif – yn ôl yr arfer yr adeg honno – yn fy nwylo. Bodiais y ddolen uniongyrchol hon rhyngof fi a'r mynach dienw a gopïodd y cerddi hynny ar ei dail ryw wyth can mlynedd ynghynt. Rwy'n dal i gofio'r wefr.

Aeth dros bymtheg mlynedd ar hugain heibio cyn imi gael achos i weld y Llyfr Du eto. Roedd y cyd-destun yn hollol wahanol yr ail dro hwn, a minnau wedi cael gwahoddiad i gymryd rhan ym mhrosiect '26 Trysor'. Dechreuodd y prosiect hwnnw yn 2011, mewn cyfarfodydd a gynhaliwyd yn Llyfrgell Genedlaethol Cymru, Amgueddfa Ulster, Amgueddfa Genedlaethol yr Alban, ac Amgueddfa Victoria ac Albert yn Llundain. Dewisodd curaduron y pedwar sefydliad hwnnw 26 o eitemau o'u casgliadau, a'u 'dosbarthu' ar hap rhwng 26 o awduron a gomisiynwyd i ymateb yn greadigol iddynt mewn 62 o eiriau yn union. Roedd y gwrthrychau a ddewiswyd o gasgliadau'r Llyfrgell Genedlaethol yn amrywio o luniau i gart achau, o fapiau i lyfrau, ac o ffilmiau a recordiadau sain i lawysgrifau. Y gwrthrych a 'roddwyd' i mi mewn cyfarfod arbennig yn y Llyfrgell oedd Llyfr Du Caerfyrddin. Roeddwn wrth fy modd. Ond buan y dilynwyd y cyffro cychwynnol gan banig cynyddol …

Yr her fawr a'm hwynebai oedd sut i ymateb yn greadigol, fel bardd, i lawysgrif yr oeddwn yn lled gyfarwydd â'i hanes a'i chynnwys o safbwynt academaidd, a minnau ers blynyddoedd bellach yn dysgu ac yn ymchwilio i lenyddiaeth yr Oesoedd Canol fel rhan o'm gwaith beunyddiol yn Adran y Gymraeg, Prifysgol Abertawe. Daeth yr ysbrydoliaeth o gyfeiriad annisgwyl.

Yr ail dro hwn, daethpwyd â'r Llyfr Du ataf gan aelod o staff y Llyfrgell a wisgai fenig cotwm gwynion. Gosodwyd y llawysgrif ar y ford o'm blaen. Am resymau cadwriaethol, fe'm gwaharddwyd rhag cyffwrdd â hi. Pan oeddwn am agor y llawysgrif, neu droi'r ddalen, roedd yn rhaid gofyn i'r aelod staff wneud hynny drosof. Mor wahanol i'r profiad cyntaf hwnnw yn ôl yn y 1970au! Roedd y rhwystredigaeth bron yn annioddefol. Ond gwnaeth hynny imi ddechrau meddwl am ba hyd eto y bydd cerddi'r Llyfr Du yn 'gyffyrddadwy' mewn ystyr ffigurol, wrth i lai a llai o ysgolheigion ifainc ddewis arbenigo yn ein llên ganoloesol – rhywbeth sy'n peri pryder mawr i mi o safbwynt parhad a ffyniant maes sydd mor agos at fy nghalon. Penderfynais geisio archwilio'r cwestiwn hwnnw mewn cerdd ar un o fesurau hynafol y Llyfr Du, sef englyn milwr, ac mewn *genre* sy'n digwydd ynddo hefyd, sef darogan neu broffwydoliaeth. Yn fy ngherdd innau rwy'n lled-gyfeirio at amryw o hen gerddi'r Llyfr Du, gan gynnwys un sy'n sôn am Ysgolan, cymeriad enigmatig y cysylltir ei enw mewn traddodiad diweddarach â llosgi llawer o lyfrau Cymraeg. Mae fy ngherdd, felly, yn adlewyrchu fy niddordeb academaidd ym marddoniaeth Gymraeg yr Oesoedd Canol ar y naill law, a'm hymrwymiad personol dwfn i'r Gymraeg, ei llenyddiaeth a'i dysg ar y llaw arall – ynghyd â'm pryder ynghylch eu dyfodol.

cerdd ddarogan

Caewyd Llyfr Du Caerfyrddin:
mud o hyn allan Myrddin,
rhoed taw ar lais Taliesin.

Aeth pob llythyren yn llwch
heb dân Sgolan. Daeth t'wyllwch,
a'n hen lên yn ddirgelwch.

Bu bwystfil trwy'r bedwenni
a bawa ar y beddi.
Gogonedd yn llaid y lli.

Nid cain yn awr cyntefin:
distaw cogau, cnydau crin.
Heb gâr hyd byth mab Erbin.

Caewyd Llyfr Du Caerfyrddin.

Christine James

4

guydi· taliessin· brchaud·
kyffredin· vy dawgan·
Breuduid a uelun neithw
ir· y scelur ae dehoglho·
Ny rtuenhir y reim· nit
guibit ar nyġgelho· Guerchireḋ
llara llyuiau niuer· nid hoffer
meuret bro· Heur uum y dan
un dired abun dec liu guanec
gro· Hid cir llauur urch din
da· de cossa arnuy dalho· Gua
ech·

Breuddwyd

Pa Ŵr yw'r Bownser?

Roeddwn i'n fyfyriwr yn yr Adran Gymraeg yn Aberystwyth pan ddarllenais 'Pa Ŵr yw'r Porthor' am y tro cyntaf. Os darllen, hefyd, oherwydd roedd yn rhaid wrth grib mân a llygad craff i ddilyn orgraff hynafol y gerdd. Ond nid ei harddull na'i geirfa a daniodd fy niddordeb, ond ei naratif. Fe'i darllenais fel rhan o fodiwl ar y chwedl Arthuraidd, a dysgais fod y gerdd fach hon yn dystiolaeth werthfawr ynghylch gwreiddiau'r traddodiad hwnnw. A minnau wedi gwirioni yn fy mhlentyndod ar ffilm Disney *The Sword in the Stone*, braf oedd dysgu mai ein harwr ni'r Cymry oedd Arthur yn gyntaf oll, nid 'the king of England'. Mae'r gerdd fach yn Llyfr Du Caerfyrddin yn rhoi cipolwg ar Arthur ar ei fwyaf Cymreig – Arthur sy'n cymryd rhan yn yr antur yng nghwmni ei ffrind pennaf, Cai Wyn.

Fe ddaeth y gerdd i fy nghof un noson stormus yn Aberystwyth wrth imi giwio'n ddiamynedd wrth ddrws clwb nos Pier Pressure. Yn y gerdd, clywir Arthur, ar ran Cai a gweddill ei fintai, yn ceisio mynediad i gaer sy'n cael ei hamddiffyn gan borthor, a hwnnw â'r enw gwych iawn – Glewlwyd Gafaelfawr. Er mwyn mynd i mewn i'r gaer, rhaid i Arthur berswadio Glewlwyd fod ei wŷr ef yn well na phawb arall yn y byd, ac y dylai Glewlwyd, felly, agor y drws iddynt. Wyddon ni ddim a lwyddodd Arthur i ddarbwyllo'r porthor ai peidio, oherwydd mae'r ddalen a oedd yn cynnwys diwedd y gerdd wedi ei cholli!

Wrth imi rewi yn y ciw yn Aber, meddyliais – beth fyddai Arthur yn ei wneud? Fe ddes i'r casgliad y byddai'n gwneud rhywbeth tebyg i'r hyn y bydd pob un sydd wedi rhynnu erioed mewn ciw i glwb nos yn ei wneud, mae'n debyg, sef ceisio dwyn perswâd ar y bownser di-ildio. A minnau'n fardd o Gymro, roedd yn wrthun o beth nad oedd drws arall yn ymyl â'r arwydd 'BEIRDD' uwch ei ben. Ond yn wyneb y ffaith erchyll fod beirdd heddiw'n cael eu dibrisio'n enbyd, tybed a fyddai prif swyddogaeth y bardd traddodiadol – canu mawl – yn debygol o weithio …

Rwy'n arbennig o hoff o'r gyfres hon o englynion, ac wrth fy modd yn eu darllen o flaen cynulleidfa. Yn wir, mae'r ffaith fod y gerdd yn cynnwys rhannau Saesneg doniol wedi caniatáu imi wneud mwy o ddefnydd ohoni nag unrhyw gerdd arall, a hynny mewn llefydd cwbl annisgwyl – o ardd gefn yn Washington i lwyfan gŵyl lenyddol yn Kerala, India.

'Pa Ŵr yw'r Porthor',
Llyfr Du Caerfyrddin, ffolio 47v

Pa gur yv y porthaur: Gleuluid
gauaeluaur. Pa gur ae govin.
arthur. a chei guin. Pa imda genhid.
Guir gorev imbid. ŷ·m tŷ ny doi. ony sguar
edi. Mi ae guadi. athi ae gueli. Vythnei
nt elei. a ssivyon ell tri. Mabon am myd
ron. guas uthir pen dragon. Kyscaint.
mab. Banon. a guin godybrion. Oet
Rinn vy gueisson in amuin ev detvon.
Manawidan ab llyr. oet duis y cusil.
Neustuc manauid eis tull o trywruid.
a mabon am mellt. maglei guaed ar
guell. Ac anguas edeinauc. a lluch.
llauynnauc. Oetin diffreidauc ar ei
din cymminauc. Arglur ae llochei my

Pa Ŵr yw'r Bownser?

O'm blaen mae boi o blaned – wahanol,
Bownser hen a chaled,
A minnau heb lemwnêd
Yn y gwter yn gweitied.

Pa ŵr yw hwn? Wel, o ran pryd – a gwedd
Ni bu gwaeth o'r cynfyd
Mewn dôr nad yw'n agoryd,
Glewlwyd Gafaelfawr mawr, mud.

'Why the wait?' ar ôl meitin – ymholais
Yn fardd mawl ar bafin,
'Oi, if you all hate waitin'
Why ask? No one's goin' in.'

Clywn y tu ôl i'r clown tew – lenwi'r aer,
Teimlwn wres o'r dudew
A golau'n siŵr, gwelwn siew
A thir lledrith o'r llwydrew.

'I'm a poet.' 'I bet!' ebe hwn – 'Prove it!'
Ac fel prifardd, canwn,
'Bouncer, pray, answer this prune,
You're a tiger,' ategwn,

'A leader of drunk ladies – a giant
Whose jaw moves on hinges,
Concierge of the ledges,
A bear in care of the keys!

My mate, permit a poor man – to enter
   Your tent,' sef ei hafan,
'Turn the door, before your fan
Freezes like some fresh Friesian.'

Chwarddodd, wiblodd a woblo – am eiliad,
   A'r bardd mawl oedd wrtho'n
Weitied, cyn gofyn eto,
'Can I, well mate, can I?' 'No.'

Eurig Salisbury

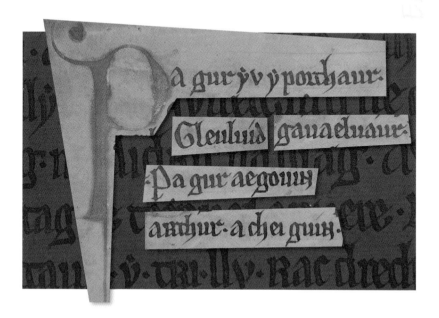

*c.*1250–1300 ■ ysgrifennu'r llyfr mewn abaty Sistersaidd, o bosib, naill ai yn Aberconwy yng Ngwynedd neu yn Ystrad Marchell ym Mhowys

*c.*1470 ■ roedd ym meddiant Gwilym Tew, bardd o Dir Iarll ym Morgannwg, a'r tebyg yw fod Dafydd Nanmor yntau wedi darllen y llyfr yn ei gwmni

*c.*1587 ■ roedd y llyfr gan Dafydd Johns, ficer Llanfair Dyffryn Clwyd, a'i cawsai, efallai, gan Gruffudd Hiraethog drwy law ei athro, Lewys Morgannwg, a oedd yn nai i Gwilym Tew

1658 ■ erbyn y flwyddyn hon roedd yn rhan o gasgliad enwog Robert Vaughan o lyfrau yn yr Hengwrt, ger Dolgellau, lle cafodd y llyfr ei ailrwymo

1728 ■ gwelodd Moses Williams, ficer Dyfynnog, y llyfr yn yr Hengwrt

1785 ■ roedd ym meddiant rhyw Mr Davies o Lanfor, ger y Bala

1807 ■ roedd yn nwylo Theophilus Jones, hanesydd o sir Frycheiniog, a'i cawsai gan Mr Thomas Bacon drwy law gŵr o Aberdâr

1813 ■ roedd ym meddiant Thomas Price ('Carnhuanawc'), ficer Llanwrthwl, a'i cawsai'n rhodd gan ei gyfaill, Theophilus Jones

1848 ■ bu farw Thomas Price a phrynwyd y rhan fwyaf o'i lyfrgell gan Syr Thomas Phillipps, casglwr llawysgrifau enwog a oedd yn byw ym mhlasty Thirlestaine House yn swydd Gaerloyw

1896 ■ prynwyd y llyfr, ynghyd â'r rhan fwyaf o'r llawysgrifau Cymraeg a oedd yng nghasgliad Phillipps, gan Lyfrgell Rydd Caerdydd

2010 ■ symudwyd y llyfr i Lyfrgell Genedlaethol Cymru ar fenthyciad hirdymor

Lyfr Aneirin

Llawysgrif Caerdydd 2.81

Llyfr Aneirin

Mae Llyfr Aneirin yn wahanol i bob un o'r llawysgrifau cynnar eraill, oherwydd fe'i crëwyd er mwyn diogelu un corff o ganu, sef 'Y Gododdin'. Ynghyd â rhai o gerddi Llyfr Taliesin, mae cynnwys Llyfr Aneirin ymhlith y farddoniaeth gynharaf yn yr iaith Gymraeg. Y llyfr hwn hefyd yw'r teneuaf o'r holl lawysgrifau cynnar, fawr mwy na thrwch cylchgrawn cyffredin heddiw. Ac o ran maint ei ddudalennau, nid yw ond trwch blewyn yn fwy na Llyfr Du Caerfyrddin, tua 17 cm x 13 cm.

c.1250–1300

Does ond un cliw sy'n gymorth i ddyddio Llyfr Aneirin – y llawysgrifen. Ceir yn y llyfr waith dau gopïydd dawnus, ond efallai fod un yn fwy medrus na'r llall. Y cyntaf oedd yr hen law, gŵr a chanddo lawysgrifen luniaidd a thaclus ac a oedd yn hoff o addurno llythrennau cyntaf pob adran mewn lliw, rhai mewn coch a rhai mewn glas. Ysgrifennodd ychydig dros 22 llond tudalen o'r 'Gododdin' a phum tudalen a hanner o gerddi eraill a elwir 'Y Gorchanau'. Roedd yr ail gopïydd, gŵr iau efallai, ychydig yn llai disgybledig, ond llenwodd dros ugain tudalen arall â fersiwn gwahanol a chynharach o'r 'Gododdin' (yn anffodus, collwyd deg tudalen).

30

blin blaen blen blenwyd · trybedawt y wledic e
rwng drem dremrud dremryt nyt welet y odeu
dhogyn ryd · ny welet y odeu dhogyn fyd mor ere
dic dar argeryd · keintaf digonir can welw kyn
mwythte flemhie llwyrdekw kyn y olo gowidelw
taf gwr mawr y wael maelderw · delwar dieirt
dat y erty par ar delw rwyfe rwyf bre rymun
gwlat rymun rymdyre · ysgawl dhisgynnyawd
wlawd gymre nac ysgawt y redec ry gre · godiwe
ud godiwes gwlat vre · ny odiweud o veysl ve
int gwre ·

Oa dynot adonwy adonwy am adawssut · a wnelet
vratwen gwnelut lladut llosgirt ny cherwei̯t nac
erthaf na chyrn̄ mor ysgwn tref dy beuwel · ny welei̯t
oz moe bwyr moe marchauc a vei waeth no od gur ·
Try cau eurdorch a grysshassaut en amwyn bre
rchell bu edywaint ket ry lade hwy · wy ladaf
faut a lyyt orfen byrt etmyc wydaut · ac oz fawl a
aythau o gyt garant · tru namen vn gur nyt
Tr'icaut eurdorchauc gwnedgar [C]euslyssaut ·
guacnaue wychan traha ave kynun kynarvave
rychan meirch godrud a grysshy̆ws ganthud try̆

Mae llawysgrifen y ddau gopïydd yn awgrymu'n gryf eu bod yn weithgar yn ystod ail hanner y drydedd ganrif ar ddeg. Yn nwyrain Ewrop a'r Dwyrain Canol, roedd Ymerodraeth Bysantiwm ar drai, er iddi lwyddo i'w hailsefydlu ei hun am gyfnod yng Nghaergystennin yn 1261. Yng ngogledd yr Eidal, cafodd y bardd enwog

Dante Alighieri ei eni yn ninas Fflorens tua 1265. Llywodraethai Harri III ar yr orsedd yn Lloegr hyd 1272, pan goronwyd Edward I yn frenin.

Yng Nghymru, hon oedd yr hanner canrif mwyaf cythryblus yn hanes y genedl. Enillodd Llywelyn ap Gruffudd dir a dylanwad helaeth ar draws Cymru yn y pumdegau a'r chwedegau, gan gyhoeddi ei hun yn Dywysog Cymru. Ond cafodd elyn nerthol a didrugaredd yn Edward I, a phan laddwyd Llywelyn yng Nghilmeri yn 1282, daeth llinach frodorol tywysogion Cymru i ben. Mae'n ddigon

Dante, Andrea Del Castagno

posib fod dau gopïydd dienw Llyfr Aneirin wedi bod yn dystion i gwymp y dywysogaeth. Tybed a sylweddolodd y ddau eu bod, adeg machlud cyfnod o annibyniaeth yng Nghymru, wedi llwyddo i ddiogelu i'r oesoedd i ddod gorff o ganu a oedd yn coffáu trychineb fawr arall yn hanes y genedl?

Os bu'r copïwyr fyw i weld Concwest Edward I, mae'n debygol iawn eu bod wedi gweld effaith uniongyrchol y drychineb honno ar yr hen dywysogaethau. Yn wahanol i'r llawysgrifau cynnar eraill, mae'n debygol iawn fod Llyfr Aneirin wedi ei ysgrifennu mewn canolfan eglwysig yng ngogledd y wlad. Mae dylanwad 'Y Gododdin' i'w glywed yn eglur ar gerdd o'r enw 'Hirlas Owain', gwaith Cynddelw Brydydd Mawr, yn ôl pob tebyg, a ddiogelwyd yn Llawysgrif Hendregadredd ac yn Llyfr Coch Hergest. Canwyd y gerdd yn y Trallwng yn fuan wedi 1156 er mwyn moli gosgordd Owain

Cyfeiliog, un o dywysogion Powys. Os oedd 'Y Gododdin' yn enwog yn ne Powys bryd hynny, mae'n bosib fod y llawysgrif wedi ei hysgrifennu yn Ystrad Marchell, abaty Sistersaidd ger y Trallwng a sefydlwyd dan nawdd Owain Cyfeiliog yn 1170 a lle claddwyd ef yn 1197.

Serch hyn, sylwyd yn ddiweddar fod ail gopïydd Llyfr Aneirin yn gyfrifol am ysgrifennu dwy lawysgrif arall, y naill yn cynnwys testunau crefyddol a'r llall destun o 'Historia Gruffudd fab Cynan'. Roedd Gruffudd ap Cynan (c.1055–1137) yn un o dywysogion enwocaf Gwynedd, a rhaid tybio mai yn y rhan honno o'r wlad y byddai'r mwyaf o alw am gadw'r cof amdano'n fyw. Tybed, felly, a yw Llyfr Aneirin yn gynnyrch sgriptoriwm yn abaty Sistersaidd Aberconwy (a oedd yng Nghonwy ei hun cyn i Edward ei symud i Faenan yn nyffryn Conwy)?

Hwn yw e gododin. aneirin ae cant

Mae'r teitl a'r priodoliad hwn ar frig tudalen gyntaf Llyfr Aneirin yn dwyllodrus o syml. Anodd yw dweud erbyn hyn beth yn union a gyfansoddodd Aneirin, na phwy oedd y bardd hwnnw. Yn sicr, nid ef a luniodd bopeth a ddiogelwyd yn y llyfr a enwyd ar ei ôl.

Rywbryd tua'r flwyddyn 570, aeth ymladdwyr o deyrnas y Gododdin yn yr Hen Ogledd, ynghyd â rhai o deyrnasoedd eraill, i frwydr yng Nghatraeth (Catterick yn swydd Efrog heddiw). Am flwyddyn gron cyn yr ymladdfa, fe ddarparodd gŵr o'r enw Golygawd wledd o win a medd i'r ymladdwyr yn Nin Eidyn (Caeredin). Ar faes y frwydr, fe'u lladdwyd bron pob un gan y gelyn, sef ymladdwyr o deyrnas Seisnig Deifr. Canodd bardd o'r enw Aneirin (neu Neirin, mewn Hen Gymraeg) gyfres hir o awdlau (cerddi ar un neu fwy o odlau) er mwyn cofáu'r ymladdwyr dewr a fu farw ar faes y gad. Credai Ifor Williams mai eu pennaeth oedd Mynyddog Mwynfawr, ond barn ddiweddar John Koch ac eraill yw mai ansoddeiriau yw 'mynyddog' a 'mwynfawr' i ddisgrifio'r fintai ei hun. Mae'n fwy tebygol, mewn gwirionedd, mai arweinwyr y cyrch i Gatraeth oedd Yrfai o Gaeredin ac, yn bennaf, Cynon o Aeron ac Ystrad Clud.

Mae'n bosib fod Aneirin wedi ei ladd mewn gwarchae ar Ddin Eidyn yn 638, ond ni ddaeth y cerddi i ben gyda marw'r bardd. Mae'n eglur fod yr awdlau marwnadol hyn yn boblogaidd iawn ac yn cael eu hailberfformio gan feirdd eraill. Yn wir, mae un o awdlau'r 'Gododdin' yn amlwg yn ychwanegiad diweddarach – rhagymadrodd ydyw y byddai bardd arall wedi ei adrodd gerbron cynulleidfa o ryfelwyr er mwyn esbonio'i fwriad i'w ddiddanu. Efallai fod hynny wedi digwydd gerbron gosgordd Owain fab Beli o Ystrad Clud yn fuan wedi brwydr Ystrad Caron yn 642, gan fod awdl arall yn Llyfr Aneirin yn dathlu'r fuddugoliaeth honno. Mae'r rhagymadrodd hwnnw'n nodi'n eglur fod Aneirin wedi marw – 'er pan aeth daear ar aneirin'.

Mae'n debygol fod llawer o awdlau'r 'Gododdin' wedi eu hysgrifennu am y tro cyntaf rai canrifoedd wedi'r frwydr, gyda gwahanol fersiynau ysgrifenedig a llafar yn parhau i gael eu llunio am ryw chwe chanrif. Yn ystod y cyfnod hir hwnnw, fe ychwanegwyd rhai cerddi, fel hwiangerdd gynnar hyfryd wedi'i lleoli yn nheyrnas Rheged o'r enw 'Pais Dinogad', cerdd ryfedd yn llais Aneirin sy'n cyfeirio at Daliesin, a hyd yn oed yr awdl gyntaf enwog sy'n coffáu Owain fab Marro.

Cerddi eraill a ychwanegwyd yn ddiweddarach yw'r 'Gorchanau', sef pedair cerdd ddigon tywyll sy'n cofáu pedwar rhyfelwr, dau ohonynt o Wynedd. Mae'r rhagymadrodd i'r olaf o'r cerddi hyn, 'Gorchan Maeldderw' a briodolir i Daliesin, yn awgrymu y byddai Llyfr Aneirin yn cael ei ddefnyddio gan feirdd er mwyn paratoi ar gyfer ymrysonau barddol. Byddai ymryson hebddo fel mynd i frwydro heb arfau. Mae'n amlwg fod y syniad hwn wedi taro tant gyda rhywun a ddarllenodd y llawysgrif yn y bymthegfed ganrif (Gwilym Tew, o bosib), a ysgrifennodd ar fwy nag un ddalen mai 'ymladd heb aruav yw ymryson heb y llyfr hwnn'.

Mae Llyfr Aneirin yn cynnwys:
- 132 o awdlau/cerddi;
- 38 o dudalennau;
- tua 1,480 o linellau o farddoniaeth.

Awdl o Lyfr Aneirin

Diweddarwyd orgraff y gwreiddiol

Greddyf gŵr, oed gwas,
Gwryd am ddias.
Meirch mwth myngfras
O dan forddwyd mygyrwas.
Ysgwyd ysgafyn lydan
Ar bedrain meinfuan;
Cleddyfawr glas, glân
Eddi aur aphan.
Ni bi ef a fi
Cas y rhof a thi;
Gwell gwneif â thi
Ar wawd dy foli.
Cynt i waedlawr   [d. waetlawr]
Nogyd i neithiawr;
Cynt i fwyd i frain
Nog i argyfrain.
Cu cyfaillt, Owain,
Cwl ei fod o dan fain.   [d. vein]
Marth im pa fro
Lladd un mab Marro.

Diweddariad o'r awdl

Anian rhyfelwr, oedran llanc;
Gwrhydri mewn cyfranc.
Meirch chwim, mwng-fras
O dan forddwyd yr harddwas.
Tarian ysgafn, lydan
Ar grwper [march] main-fuan;
Cleddyfau glas, glân,
Eurwaith eu rhidens.
Ni fu ac ni fydd
Casineb rhyngof a thi;
Gwell y gwnaf â thi
Ar gân dy foli.
Cynt i fynd i frwydyr
Nag i neithior;
Cynt yn fwyd i frain
Nag i gladdedigaeth.
Y cyfaill cu, Owain,
Trueni ei fod ef o dan feini.
Syndod i mi ym mha fro
Y gellid lladd unig fab Marro.

Awdl yn ôl hen ddiffiniad, sef cerdd sy'n cynnal un odl drwyddi, neu gerdd ac iddi adrannau sy'n cynnwys yr un odl, ydi'r gerdd hon o Lyfr Aneirin. Fe ddyddir y llawysgrif i ail hanner y drydedd ganrif ar ddeg, ac y mae wedi ei hysgrifennu gan ddau gofnodwr yr adnabyddir eu dwylo fel Llaw A a Llaw B – mae'r ail mewn orgraff hŷn na'r gyntaf, ac yn dyst i ffurfiau ieithyddol o tua'r nawfed ganrif. Y mae'r gwahaniaethau rhwng fersiynau A a B yn dystiolaeth fod Cymraeg y canu'n cael ei ddiweddaru gydag amser. Os diweddaru, pa bryd ynteu oedd cyfnod y canu gwreiddiol? Y mae hwn yn bwnc dadleuol, ond yr honiad ydi mai i ail hanner y chweched ganrif y mae'n perthyn. Y tebyg ydi fod yna graidd o gerddi a gyfansoddwyd

'Marwnad Owain fab Marro', Llyfr Aneirin, tudalen 1

ar lafar yn y cyfnod hwnnw, a bod y rheini – ac eraill a ychwanegwyd atynt – wedi cael eu 'traddodi' ar lafar gan feirdd, yr oedd yn rhan o'u swyddogaeth i gofio cerddi, o un genhedlaeth i'r llall dros y canrifoedd, a'u bod, yn y man, wedi cael eu cofnodi.

Y mae'r rhan fwyaf o'r awdlau yn y llawysgrif yn ymwneud ag ymosodiad gan lu o dri chant o ryfelwyr (363 mewn rhai awdlau) a grynhowyd at ei gilydd yn yr hen deyrnas Frythonig a elwid yn 'Gododdin'. Gelwid ei phrif lys yn Din Eidyn, ac fe safai lle y saif y castell yn Edinburgh heddiw. Bellach y mae dadlau am enw'r pennaeth a barodd gasglu'r llu hwn, ond ni welaf fi ddim rheswm da dros beidio â derbyn, fel y mae'n draddodiadol i dderbyn, mai'r 'Mynyddawg Mwynfawr' a grybwyllir yn yr awdlau ydoedd. Bu'r rhyfelwyr yn ymarfer ymladd yn ystod y dydd am flwyddyn, gan yfed medd a gwledda yn y llys gyda'r nosau. Yna fe aethant ar gyrch yn erbyn llu enfawr o Eingl y teyrnasoedd a elwir yn y canu yn 'Deifr' a 'Brynaich', dwy deyrnas a ddaeth yn un yn y man ac a alwyd yn 'Northumbria'. Methiant gorfoleddus fu'r cyrch, a lladdwyd pob un o lu'r Gododdin ond un, neu dri neu bedwar: dyma fel y mae hi mewn canu llafar, sy'n gallu cadw craidd y mater a bod yn gymysglyd ynghylch manylion.

Aneirin oedd y bardd a ganodd yr awdlau hyn sydd, fel y deyrnas a'r fyddin o filwyr, yn cael eu galw yn 'Gododdin'. Yr hyn a wna ydi canu mawl i arwriaeth ddidrugaredd y trichant, gan enwi nifer ohonynt a chan fynegi hiraeth am y rhai a laddwyd.

Yn yr awdl hon, yr un a enwir ydi Owain fab Marro. Ar ddechrau'r awdl disgrifir y milwr ifanc, ei feirch, a'i arfau crand. Dywedir y bydd y bardd yn cadw coffa da amdano, sef mater pwysicaf un y canu mawl Cymraeg. Y mae'r llanc ifanc, a laddwyd cyn priodi, bellach yn fwyd i frain ac wedi ei gladdu o dan gerrig – y mae dweud y tri pheth hyn yn 'topoi' (lluosog y gair 'topos'), fel y dywedir, yn y canu, sef yn syniadau cyffredin a geir fwy nag unwaith, arfer sy'n nodweddiadol o ganu llafar. Diweddir yr awdl trwy fynegi syndod y gallai arwr fel Owain gael ei ladd.

Uchod disgrifiwyd arwriaeth rhyfelwyr y Gododdin fel un 'ddidrugaredd'; a dyna ydoedd. Mynegir y diffyg trugaredd hwn mewn llinellau fel y canlynol:

Seiniodd ei gleddyf ym mhen mamau!

Trwy ryfela, gwragedd gweddw a wnaethant,
Llawer mam a'i dagrau ar ei hamrant!

Llawenhau fod sŵn cleddyf 'mab Gwyddnau' yn atseinio'n enbyd yng nghlyw mamau'r gelyn a wna'r llinell gyntaf, a llawenhau am fod yna wragedd gweddwon a mamau'n wylo ymhlith y gelyn y mae'r ddwy linell nesaf. Y mae'r llinellau hyn yn dangos beth ydi gwir natur rhyfel: unwaith y dechreuith rhywun drugarhau wrth ei elyn, dydi hi ddim mor hawdd ei ladd o.

Prif nodwedd rhyfelwyr arwrol y canu ydi eu bod yn lladd cymaint o'r gelyn ag y gallant:

Saith waith eu rhif hwy o wŷr Lloegr 'laddasant;

yn gwrthod cilio mewn enbydrwydd:

Ni oddefasant hwy warth, y rhyfelwyr na chiliai;

ac yn fodlon cael eu lladd dros eu harglwydd – mewn un awdl lle'r enwir nifer o ryfelwyr, dywedir amdanynt:

Neb ohonynt i'w gwlad 'ddychwelasant.

Oherwydd y fath arwriaeth y mae yn y canu hiraeth, a mawl a fydd – siawns – yn seinio am genedlaethau. Y mae'r ffaith ein bod ni, yn yr unfed ganrif ar hugain, yn gwybod am y rhyfelwyr hyn yn golygu fod canu Aneirin wedi llwyddo yn ei fwriad.

Gloywgan

Ar ddechrau fy ngyrfa yn Adran y Gymraeg, Prifysgol Cymru, Bangor, un o'm dyletswyddau oedd traethu ar Ganu Aneirin. Yn y cyfnod hwnnw yr oedd llanc o Flaenau Ffestiniog yr oeddwn i'n ei adnabod yn dda, Geraint Easter Ellis, wedi dod yn fyfyriwr i Fangor. Yn 1965, bu farw. Rydw i'n cofio dydd ei angladd yn glir: diwrnod oer ym mynwent Bethesda yn y Blaenau, a rhai o'i gyfoedion atebol o yno'n wylo – wrth sgrifennu'r geiriau hyn gallaf weld John Ogwen a'r diweddar, ysywaeth, Eurfyl Ambrose, yn eu dagrau. Ymhen y rhawg yr oeddwn yn mynd trwy hen bapurau pan drewais ar bapur arholiad yr oedd Geraint wedi ei ateb imi ar Ganu Aneirin (ond nid geiriad y cwestiwn na dim yn yr ateb a geir isod). Cerdd o'r adeg honno, a gyhoeddwyd yn y gyfrol *Ysgyrion Gwaed,* a geir yma. Yr oedd Geraint, i mi, ar un wedd fel un o arwyr ifanc y Gododdin: roedd ei einioes ar ben ac yntau'n llawer rhy ifanc; ond, ar wedd arall, yr oedd o yn dra gwahanol, yn ŵr ugain oed a oedd wedi goleuo bywydau pawb a'i hadnabu efo'i hynawsedd. Felly, fe drowyd y llinell enwog o ganu'r Gododdin:

> Ac wedi elwch, tawelwch fu

o chwith yn y gerdd amdano. Ni allai marwolaeth Geraint ddim pylu *elwch*, sef gorfoledd ei fywyd. Y mae pawb a'i hadnabu yn dal i'w gofio fo.

Gloywgan

(Er cof am Geraint Easter Ellis)

'Trafodwch yr ymadrodd mai arwrgerdd
Delynegol yw'r "Gododdin".'
Cwestiwn arholiad am
Yr angerdd a fu a'r poenau pell,
A'r gair a gynhaliodd yr arwyr oll
        Trwy farw i fyw.

'Bardd o'r chweched ganrif oedd Aneirin,
Gŵr o'r Hen Ogledd, o dueddau Caer Eidyn.'
Ateb am y gair a arbedodd o'r lladdedigaeth
Gyfeillion, ac a gyfannodd eu cnawd a'u gwaed o Gatraeth.
        Nid byw a'i gwnaeth.

Pwy yw'r rhain sy'n crwydro amser,
Yn eurdorchog o faes y gwaed, a gloywder
Fel bywyd arnynt? A hwn â'i ugain oed
Yn gnawd oer rhwng y pridd a'r coed,
        A'i law yn farwol.

Greddf gŵr: oed gwas.
Aeth hwn i'r hen alanas,
Y Catraeth sydd ar odre pob bod.
Ac wedi ugain mlynedd
Ei arfwisg oedd hynawsedd;
A chwerthin ac addfwynder
Yn arfau – dyna'i ddewrder.
A disglair wedi'r düwch
Yw ei fyw mawr ef o'r llwch.
Ac wedi tawelwch, elwch fu.

Gwyn Thomas

Pais Dinogad

Mae'n wyrth bod y gerdd hynod hon wedi goroesi o gwbl. Cofnodwyd 'Pais Dinogad' yng nghanol testun 'Y Gododdin' yn Llyfr Aneirin, ac mae'n wahanol iawn ei phwnc a'i chywair i'r awdlau arwrol i'r gwŷr a aeth Gatraeth.

Ymddengys mai geiriau mam sydd yma, a hithau'n cyfarch ei mab Dinogad mewn math o hwiangerdd gynnar. Mae'n sôn i ddechrau am y fantell fraith a greodd iddo o groen carlwm – 'Pais Dinogad, fraith fraith, / O grwyn balaod ban wraith' (Mantell Dinogad, fraith, fraith, lluniais i hi o grwyn belaod) – ac amdani hi a'i gweision yn diddanu'r bachgen bach drwy chwibanu a chanu:

> Chwid, chwid, chwidogaith,
> Gochanwn, gochenyn' wythgaith
>
> 'Chwib, chwib, chwibanu,
> roeddwn i ac wyth o weision yn arfer canu iddo.'

Yng ngweddill y gerdd caiff Dinogad glywed cystal heliwr oedd ei dad wrth iddi dynnu darlun byw a llawn balchder ohono, a'i wayw ar ei ysgwydd a'i bastwn yn ei law, yn galw ar ei gŵn hela: 'Giff, Gaff; daly, daly, dwg, dwg'. Byddai'n dal pysgod yn ei gwrwgl fel llew ar drywydd ei brae, a phrin y dihangai'r un creadur byw rhag min ei gigwain. 'Pan elai dy dad di i fynydd', meddir, 'Dyddygai ef pen iwrch, pen gwythwch, pen hydd, / Pen grugiar fraith o fynydd, / Pen pysg o Raeadr Derwennydd', sef un o'r afonydd hynny yn yr Hen Ogledd sy'n dwyn yr enw 'Derwent', honno, efallai, sy'n llifo i afon Tyne, gerllaw Newcastle, o fewn ffiniau hen deyrnas Gododdin.

Yn ôl un dehongliad, mae naws farwnadol i'r gerdd gan mai cyfeirio a wneir, yn yr amser amherffaith, at yr hyn yr oedd tad Dinogad yn arfer ei wneud; gallai hynny esbonio pam y mae'n ymddangos ymhlith awdlau coffa Aneirin i arwyr teyrnas Gododdin. Yng ngeiriau'r ysgolhaig R. L. Thomson, 'Dichon mai'r elfen alarnadol hon ynddi sy'n cyfrif am ei chynnwys ymhlith awdlau'r Gododdin, a bod ynddi gyfeiriad at ryw drychineb ar raddfa lai na brwydr Catraeth, ond nid llai ergydiol i'r teulu a'i dioddefodd'. Dyna'r dehongliad sy'n sail i fy nghywydd i.

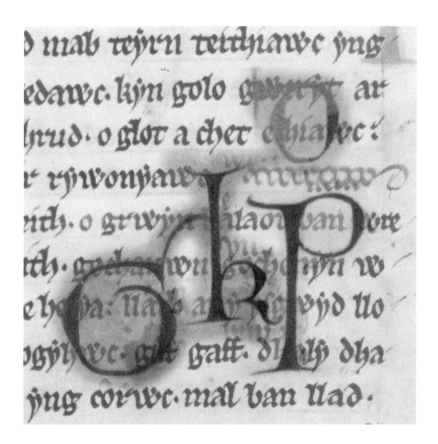

enhir y bob llawr llanwet chual amhaual akneuer.
twll tal e rodawr cas ohir gwrhawc ryuonyawc diffei
dyeit. eil gweith gelwideint annalet. yg cat veirch aseirch
greuler. bedin agkysgoget yt vyd cat voryon: cochro llaun
ban ry godlyet. trwm en trin a llavyn yt lladei garw: rybu
o gat dydyget. camn calan a darmerthei ef gwenir a dan
vab ervei. ef gwenir a dan dwrch trahawc vn riein a mo
rwyn a mynawc. aphan oed mab teyrn teithiawc yng
gwyndyr gwaedglyt gwaredawc. kyn golo gweryt ar
rud llary: hael ervynt digythrud. o glot a cher echiawc:
neut bed garthwys hir o dir ryuonyawc.

eis dinogat e vreith vreith. o grwyn balaot ban wu
rth. chwit chwit chwidogeith. gochanwn gochenyn w
ythgeith. pan elei dy dat ty e helya: llath ar y ysgwyd llo
ry eny law. ef gelwi gwn gogyhwc. giff gaff. dhaly dha
ly dhwc dhwc. ef lledi byse yng corwc. mal ban llad.
llew llywyrwc. pan elei dy dat ty e vynyd. dydygei ef
penn ywrch penn gwythwch penn hyd. penn grugyar
vreith o venyd. penn pysc o rayadyr derwennyd. or sa
wl yt gyrhaedei dy dat ty ae gicwein o wythwch alle
wyn a llwynein. nyt anghei oll ny uei oradein.

eum dodyw angkyvwng o angkynarth nym daw

Pais Dinogad

Dinogad, roedd dy dad di
Yn gymar a chraig imi.
F'enaid, pan âi i fynydd
Ni ddôi'n ôl heb faedd neu hydd,
Ei gigwain eto'n sgleinio
Gan waed, fel ei helgwn o.

Dinogad, rhôi dy dad di
Ateb i bob 'Pam?' iti;
Dôi'r wên fel lli Derwennydd
Wrth dy wrando'n deffro'r dydd.
Bellach, tawelach yw'r tŷ;
Heliwyd o'n plith benteulu.

Bydd, Dinogad, dy dad di,
Er ei ddwyn yn wraidd inni,
Yn gof, yn chwedl, yn gân,
Yn fwy nag ef ei hunan,
Yn chwid agos chwidogaith
Fore o haf, yn bais fraith.

Huw Meirion Edwards

'Pais Dinogad',
Llyfr Aneirin, tudalen 22

c.1282–*c*.1350 ■ ysgrifennu'r llyfr, yn ôl pob tebyg yn abaty Sistersaidd Ystrad-fflur ac yng nghartref Ieuan Llwyd ab Ieuan yn nyffryn Aeron

1564 ■ roedd ym meddiant Gruffudd Dwnn, noddwr a chasglwr llawysgrifau o Ystradmerthyr, ger Cydweli

c.1533–61 ■ ysgrifennodd Owain ap Gwilym, bardd ac offeiriad o Dal-y-llyn ym Meirionnydd, yn y llyfr

c.1569 ■ roedd ym meddiant y bardd Wiliam Llŷn, yn ei gartref yng Nghroesoswallt

c.1580 ■ ar farwolaeth Wiliam Llŷn, trosglwyddwyd ei gasgliad o lyfrau i ofal ei ddisgybl barddol, Rhys Cain, yng Nghroesoswallt

1614 ■ pan fu farw Rhys Cain, daeth ei lyfrau yn rhan o lyfrgell enwog Robert Vaughan yn yr Hengwrt, ger Dolgellau

1617 ■ trawsysgrifiwyd y rhan fwyaf o'i gynnwys gan Dr John Davies o Fallwyd

1789 ■ roedd ym meddiant Richard Thomas, casglwr llawysgrifau o Benmorfa, ger Porthmadog, a oedd wedi'i ladrata o'r Hengwrt

1780 ■ pan fu farw Richard Thomas, gwerthwyd ei lyfrau yn Rhuthun er mwyn ad-dalu ei ddyledion

1842 ■ roedd ym meddiant yr archddiacon Richard Newcombe o Ruthun

1857 ■ pan fu farw Newcombe, prynwyd ei lyfrau gan Ignatius Williams o Ddinbych, a daeth y casgliad i feddiant ei nai yntau, John Ignatius Williams, a gadwodd yr holl lyfrau yng nghartref ei wraig yn Hendregadredd

1910 ■ yn dilyn marwolaeth John Ignatius Williams yn 1905, daethpwyd o hyd i'r llyfr yn Hendregadredd wrth baratoi i werthu'r eiddo

1923 ■ prynwyd y llyfr mewn arwerthiant yn Sotheby's gan y chwiorydd Margaret a Gwendoline Davies o Gregynog ar ran Llyfrgell Genedlaethol Cymru

Llawysgrif Hendregadredd

Llawysgrif LlGC 6680B

Llawysgrif Hendregadredd

Mae Llawysgrif Hendregadredd yn unigryw ymhlith llawysgrifau cynnar yr iaith Gymraeg am fod y cof amdani wedi diflannu bron yn llwyr erbyn dechrau'r ugeinfed ganrif. Ym mis Tachwedd 1910 daethpwyd o hyd iddi mewn wardrob ym mhlasty Hendregadredd ym Mhentrefelin, ger Porthmadog. Am mai peth wedi ei brintio oedd 'llyfr' erbyn yr ugeinfed ganrif, fe'i bedyddiwyd yn 'llawysgrif'. Pan oedd yn gyflawn, roedd Llawysgrif Hendregadredd yn gryn dipyn mwy o ran maint na Llyfr Du Caerfyrddin, Llyfr Aneirin a Llyfr Taliesin, ond cafodd ei dalennau eu tocio gan rwymwr diweddarach. Bellach, nid yw'r llawysgrif fawr mwy na Llyfr Gwyn Rhydderch, sef yr un maint â llyfr cyffredin heddiw, tua 21 cm x 16 cm.

c. 1282 – c. 1350

Yn Rhagfyr 1282 fe laddwyd Llywelyn ap Gruffudd yng Nghilmeri, a chyda dienyddio ei frawd, Dafydd, yn 1283, sicrhaodd Edward I ei afael ar Gymru. Yn 1283 dechreuwyd y gwaith o adeiladu cestyll Caernarfon, Conwy a Harlech, ond ni ddechreuwyd codi castell Biwmares hyd 1295 yn sgil rhyfeloedd Edward yn yr Alban. Yn 1297, trechwyd

Castell
Harlech,
a adeiladwyd
yn 1283

Llawysgrif
Hendregadredd,
ffolio 4r
(maint cywir)

52

weut twnbes belu vauf wir wrein dyes
glau y gleu gurthrich dzo wreu yke
w vwb.kriste tref dzrazau au gwr̃
au gwarthau rac vfferu affau wabau
weke. kreawdir au treawf au wrnwir
ỹ yw plch plewf gwtreu gwerin culli
Cant a grant grailchiner vab meilyr sduc
Rimarchaf y duw dgmoaul. weter
Rejuardwel a zel y dacom. kinerke
koffrewit koffred au wzge. kinardwit
yw llewr yw llewr wrth. trachaf ar
maffe ment y wau anwei yw koffreit
yw koffreu koffred a llwter a llawt poh
kreawdir a llewr grewit y grymon a
llawr a eber a eberf teun a chufraic ho
twuc kwlwac ben a ewzarwo y gau
duw duewrabt a chymwo dwro dwrad
wet wyret a newo ny wr dweaut a
llt. dwlawo prelleut dilyb prelswl
gwbt a chynwf oet well ao gwall
fer wbuchet triwed tra ny belli. Woll
au kiwcirỹ oz kreawdir oz kyo oz mab
oz yfkyo oz vaowurỹo uri oz dmdawo
wdawo wdiaf a wr. vndza dwgwret
vmoet ouri vwtec wr̃ perfon uch arch
egwhou vn duwon uewỹon nergh heb
diegib. vndawc wint wrthwf wth eu
mow. vn duw yur wiweeu a dileu vu
Rwdu a annẏau ỹmay o ampwill tra
maru prelleut pref gwbt wwill. tram
oet on dawu duw y gwbtwwill. trewynd

byddin Lloegr gan luoedd William Wallace ym mrwydr Pont Sterling, ond dienyddiwyd William yn 1305. Bu farw Edward yn 1307. O dan deyrnasiad ei fab, Edward II, collodd Lloegr ei gafael ar yr Alban yn derfynol ym mrwydr Bannockburn yn 1314. Yng Nghymru erbyn y flwyddyn honno, roedd oes y Cywyddwyr ar fin dechrau, a bwrlwm diwylliannol newydd ar waith yng Ngheredigion yn arbennig. Dyma gyfnod ysgrifennu Llawysgrif Hendregadredd.

Gyda'r Goncwest yn ddiweddglo eglur ar gyfnod hir o hanes yng Nghymru, aeth rhai gwŷr dysgedig ati i ddiogelu'r cof am yr hanes hwnnw ar femrwn. Cynnyrch y weledigaeth honno oedd creu fersiwn Lladin o 'Brut y Tywysogion', a oedd yn croniclo hanes Cymru o'r seithfed ganrif hyd 1282. Collwyd y gwaith Lladin hwnnw, ond goroesodd fersiynau Cymraeg ohono. Y tebyg yw mai yn abaty Sistersaidd Ystrad-fflur y cafodd y fersiwn Lladin ac un o'r fersiynau Cymraeg eu hysgrifennu.

West Front Strata Florida Abbey,
Worthington George Smith

Rywbryd rhwng cwymp Llywelyn yn 1282 a thua diwedd y ganrif, dechreuwyd y gwaith o greu cofnod arall tebyg, ond mwy uchelgeisiol, yn Ystrad-fflur. Y tro hwn, diogelu cerddi Beirdd y Tywysogion mewn llawysgrif swmpus oedd y nod. Yn wir, gan mor fawr yw'r llawysgrif honno ac mor gymhleth ei gwneuthuriad, byddai'n ddefnyddiol ei thrafod fesul haen, gan ddilyn dadansoddiad Daniel Huws.

1 Ysgrifennwyd haen gyntaf y llawysgrif gan gopïydd abl a hyderus. Mae'n debygol iawn iddo gael addysg brifysgol, efallai ym Mharis. Cofnododd waith dros ddeunaw o Feirdd y Tywysogion – o deyrnasiad Gruffudd ap Cynan yn yr unfed ganrif ar ddeg hyd farw Llywelyn yn 1282 – mewn dros 16 o lyfrynnau rhydd heb eu rhwymo. Addurnodd ei gerddi â theitlau mewn inc coch, yn ogystal â rhai priflythrennau yn y testun ei hun. Gadawodd rai dalennau'n wag yn nifer o'r llyfrynnau, efallai yn y gobaith y byddai'n dod o hyd i gerddi eraill i'w cofnodi maes o law. Neu efallai mai ei fwriad o'r dechrau oedd gadael lle i gopïwyr eraill orffen y llyfr, oherwydd rhoddodd y gorau i'r gwaith ar ryw bwynt a throsglwyddo'r hyn a gofnododd i ofal rhuddellwr. Ac nid rhuddellwr cyffredin mo'r gŵr hwnnw, ond arbenigwr medrus iawn a harddodd y cerddi â llythrennau cyntaf mewn inc coch a glas am yn ail.

Llawysgrif Hendregadredd,
ffolio 3r, sy'n dangos gwaith
copïydd yr haen gyntaf

2 Hanes gwahanol sydd i ail haen y llawysgrif. Mae'n cynnwys gweithgarwch 19 o gopïwyr a gydweithiai'n agos, yn ôl pob tebyg, yn Ystrad-fflur *c*.1300–25. Aethant ati'n fwriadol i orffen gwaith y copïydd cyntaf, gan ddilyn trefn wreiddiol y llawysgrif fesul bardd a chwblhau rhai cerddi anorffenedig. Nid yw llawysgrifen yr un ohonynt gystal ag un y copïydd cyntaf, a bu rhuddellwyr llai medrus na'r rhuddellwr cyntaf wrthi'n addurno'r testunau (mewn coch yn bennaf, gyda glas a gwyrdd hefyd weithiau). Ond roedd pob un o'r copïwyr yn feistr ar ei waith, sef ychwanegu cerddi at y corff mawr o ganu Beirdd y Tywysogion a ysgrifennwyd gan y copïydd cyntaf, yn ogystal â chyflwyno cerddi gan bedwar bardd arall o'r un cyfnod ac ambell fardd diweddarach, o bosib. Wedi i'r holl gopïwyr orffen eu gwaith, roedd y llyfr bron yn llawn ac mae'n debygol iddo wedyn gael ei rwymo am y tro cyntaf.

Llawysgrif Hendregadredd, ffolio 125r, sy'n dangos gwaith copïwyr yr ail haen

3 Mae hanes trydedd haen y llawysgrif yn debyg i'r ail o ran nifer y llawiau – llanwyd yr ychydig le a oedd ar ôl yn y llyfr gan ryw ugain copïydd. Ond yn wahanol i gopïwyr yr haen gyntaf a'r ail, nid oedd copïwyr y drydedd haen yn ymfalchïo rhyw lawer yn safon eu gwaith. Mae safon yr inc yn wael ac ni ruddellwyd y testun. Gwahanol hefyd yw natur y cerddi a gopïwyd ganddynt. Yn hytrach na cherddi Beirdd y Tywysogion, cofnododd copïwyr y drydedd haen gerddi cyfoes gan feirdd y bedwaredd ganrif ar ddeg yn bennaf, yn cynnwys Dafydd ap Gwilym (efallai yn ei law ef ei hun). Digwyddodd hyn, yn ôl pob tebyg, yng nghartref Ieuan Llwyd ab Ieuan yn nyffryn Aeron, a hynny rhwng tua 1325 ac 1350. Roedd Ieuan yn ddisgynnydd i'r Arglwydd Rhys, un o brif sylfaenwyr Ystrad-fflur, ac i Faredudd ab Owain, arglwydd grymus a diwylliedig yng Ngheredigion a gladdwyd yn yr abaty.

Mae'n sicr y byddai Ieuan wedi ymfalchïo yn ei gyswllt agos â'r abaty ac yn ei dreftadaeth ddiwylliannol. Mae'n debygol fod Ieuan yn gysylltiedig â'r gwaith o lunio Gramadeg Einion Offeiriad (c.1320), ac roedd ei fab, Rhydderch, yn gyfrifol am noddi un arall o lyfrau cynnar pwysicaf yr iaith Gymraeg – Llyfr Gwyn Rhydderch. Byddai wedi bod yn naturiol, felly, i Ieuan ddangos diddordeb yng nghynnyrch sgriptoriwm Ystrad-fflur. Nid yw'n fawr o syndod fod Llawysgrif Hendregadredd wedi dod i'w feddiant.

Peniarth 20, tudalen 314, y copi cynharaf o olygiad Dafydd Ddu Hiraddug o Ramadeg Einion Offeiriad

Mae Llawysgrif Hendregadredd yn cynnwys:

- dros 200 o gerddi;
- 260 o dudalennau;
- tua 9,800 o linellau o farddoniaeth.

Mae'r hyn sy'n cael ei alw heddiw yn farddoniaeth Beirdd y Tywysogion (neu'r Gogynfeirdd) bron yn gwbl ddyledus i'r hyn sydd wedi ei ddiogelu yn Llawysgrif Hendregadredd. Yn unol â bwriad y copïydd cyntaf, mae'r corff o ganu'n diffinio cyfnod penodol. Dechreuir tua diwedd teyrnasiad Gruffudd ap Cynan yn 1137 a diweddir

> 'This manuscript was entirely unknown to modern Welsh scholars, and its very existence was doubted. It was found in November 1910, at Hendregadredd in an old bachelor's wardrobe in an old disused bedroom.' (rhan o ddisgrifiad arwerthwyr Sotheby's o'r llawysgrif ar 5 Chwefror 1923)

gyda chwymp grym annibynnol yng Nghymru gyfan yn 1282. Prif noddwyr y beirdd proffesiynol yn y cyfnod hwn oedd arweinwyr teyrnasoedd Gwynedd, Powys a Deheubarth, ac ni bu na chyn nac wedi hynny fwy o rym yn nwylo beirdd Cymraeg.

Awdlau ac englynion swyddogol a ganai'r beirdd hyn, heb fawr o le ynddynt i fynegi teimladau personol. Moli'r arweinydd oedd prif waith y bardd, gan atgoffa'r gynulleidfa o rinweddau'r arweinydd hwnnw a'i hawl i deyrnasu, ac ar yr un pryd atgoffa'r arweinydd ei hun o'r delfrydau y dylai ymgyrraedd tuag atynt. Swydd urddasol oedd bod yn fardd, a byddai disgwyl i bob bardd fod yn feistr ar ei grefft cyn graddio'n bencerdd. Dysgai farddoniaeth y gorffennol, rheolau mesur a chynghanedd, gramadeg, geirfa hynafol, cyfansoddeiriau, troeon ymadrodd, ac enwau a gweithredoedd hen frenhinoedd, arwyr chwedlonol a seintiau.

Wrth foli ei noddwr, byddai bardd yn datgan ei gerdd ar lafar o flaen y noddwr ei hun, ei deulu a'i ddilynwyr. Ond mae'n bosib hefyd y byddai'r gerdd wedyn yn cael ei chofnodi ar femrwn yng nghartref y noddwr. Roedd gan y pencerdd statws cyfreithiol – hynny yw, roedd ei hawl i ganu i'r arweinydd wedi ei diogelu drwy gyfraith – ac efallai fod rhai'n ystyried ei gerdd yn greadigaeth gyfreithiol y dylid ei chadw gyda dogfennau cyfreithiol eraill. Byddai'r copïau ysgrifenedig hynny, yn eu tro, yn gofnod o hawl yr arweinydd i deyrnasu ac yn werth eu trysori. Daethpwyd o hyd i linell o gerdd Gymraeg yn archifau trysorlys Edward I, llinell sy'n deillio, efallai, o gopi coll o'r gerdd gyfan a dygwyd o Wynedd adeg y Goncwest. Copïau gwasgaredig fel hyn o'r cerddi, o bosib, oedd ffynonellau nifer o gerddi Llawysgrif Hendregadredd.

Un o'r cerddi cynharaf yn y llawysgrif yw marwnad Meilyr Brydydd (c.1137–45) i Gruffudd ap Cynan, brenin Gwynedd, a fu farw yn 1137. Roedd Meilyr yn dad i Gwalchmai ap Meilyr (c.1132–80), bardd o fri a ganodd fawl i fab Gruffudd ap Cynan, Owain Gwynedd. Roedd Einion ap Gwalchmai (c.1202–23), yn ei dro, yn fardd hefyd a ganodd fawl i ŵyr Owain Gwynedd, sef Llywelyn Fawr. Dyma enghraifft wych o deulu barddol a drosglwyddodd eu crefft ymlaen o'r naill genhedlaeth i'r nesaf, gan chwarae rhan flaenllaw yng ngwleidyddiaeth Gwynedd am dros gan mlynedd.

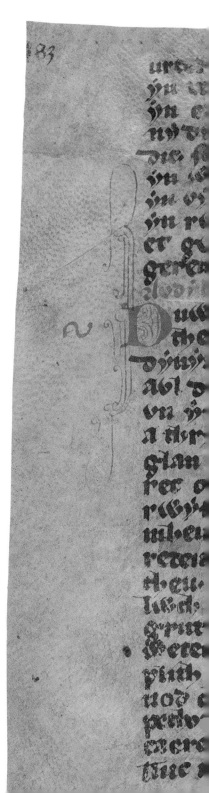

Ymhlith beirdd eraill Llawysgrif Hendregadredd, mae Phylip Brydydd, a ganodd i dywysogion Deheubarth, a Dafydd Benfras, a fu farw wrth frwydro yn 1258. Ond prif fardd y llawysgrif, a phrif fardd Oes y Tywysogion, oedd Cynddelw Brydydd Mawr (c.1155–95), bardd enwog iawn a ganodd fawl i arweinwyr pob un o brif deyrnasoedd Cymru. Un o'r cerddi diweddaraf yn y llawysgrif yw marwnad dawel, bruddglwyfus Bleddyn Fardd (c.1258–84) i Lywelyn ap Gruffudd. Yn wahanol i farwnad enwog Gruffudd ab yr Ynad Coch i'r tywysog, ni roddwyd llawer o sylw i gerdd Bleddyn, ond mae effaith y golled fawr i'w deimlo'n eglur yn ei eiriau:

Kolles Kymry uawr gwawr
'Collodd Cymru fawr [ei] phennaeth'

Marwnad Pom

Roedd Cynddelw Brydydd Mawr yn un o feirdd mwyaf toreithiog y ddeuddegfed ganrif, ac roedd yn uchel iawn ei barch. Oherwydd ei statws fel un o feirdd amlycaf ei gyfnod, cadwyd nifer fawr o'i gerddi yn y llawysgrifau. Cerddi rhwysgfawr a mawreddog i dywysogion Powys, Gwynedd a Deheubarth yw'r rhan fwyaf ohonynt, ond mae'r casgliad yn cynnwys un gerdd anarferol iawn hefyd – marwnad i'w geiliog ei hun.

Ceir y copi cynharaf o'r gerdd yn llaw John Davies o Fallwyd yn llawysgrif LlGC 4973B, a ysgrifennwyd rhwng tuag 1620 ac 1634. Mae'n dra thebygol fod John Davies wedi copïo'r gerdd o Lawysgrif Hendregadredd, a bod y tudalennau a oedd yn cynnwys y gerdd yn y llawysgrif honno wedi mynd ar goll. Yn wir, byddai nifer o gerddi eraill gwerthfawr iawn o Lawysgrif Hendregadredd wedi mynd ar ddifancoll llwyr oni bai fod John Davies wedi eu diogelu.

Yn y farwnad ddoniol hon, sy'n gadwyn o englynion, mae Cynddelw yn defnyddio confensiynau'r canu marwnad i goffáu ei geiliog. Mae'n pwysleisio dwyster ei alar ac yn canmol gwrhydri ac achau boneddigaidd yr aderyn, yn union fel pe bai'n canu marwnad i'w noddwr. Mae elfen gref o ddychan yn perthyn i'r gerdd, gan mai creaduriaid digon ceiliogllyd ydi tywysogion! Nid yw'n debygol y byddai Cynddelw wedi derbyn nawdd am y gerdd hon, felly dyma enghraifft ddiddorol o fardd proffesiynol yn ysgrifennu'n bennaf ar gyfer ei ddiddanwch ei hun. Fodd bynnag, mae'r gerdd yn gofnod byw iawn hefyd o siom a thristwch gŵr sydd wedi colli anifail yr oedd yn wirioneddol hoff ohono. Mae dynion wedi ffoli ar eu hanifeiliaid ac wedi galaru amdanynt ar hyd yr oesoedd. Nid eithriadau mo'r Gogynfeirdd.

Ches i erioed geiliog, ond roedd gen i fochdew o'r enw Pom. Roedd Pom yn gr'adur bach digon annwyl ond, yn anffodus, cwta ddwy flynedd barodd o, ac mae ei garreg fedd fechan i'w gweld ym mhen draw'r ardd yng nghartref fy rhieni. Un fantais o gael tad sy'n saer maen ydi bod eich anifeiliaid anwes yn cael eu coffáu mewn cryn steil. Bellach, yn ogystal â charreg fedd grand, mae gan Pom gyfres o englynion i'w goffáu hefyd, a'r rheini yn arddull Cynddelw Brydydd Mawr, neb llai. Heddwch i'w lwch.

Marwnad Pom

(1994–1996)

Heb allu yw Pom bellach – ni rowlia
    Yn yr olwyn mwyach;
    Ni roed mewn cist ddim tristach
    Nag euraidd flew bochdew bach.

Fy llywydd yn fy llawes – a dwriai
    Yn dirion i'm mynwes,
    Frenin cu fu'n rhannu'i wres;
    Annwyl anifail anwes.

Un hott o grombil soffa – diflannwr
    Diflino a smala,
    Arwr dewr a herwr da
    Yw wariar fyn wiwera.

Oriau mwyn â'r cr'adur mud – a gefais;
    Roedd gyfaill mewn gwynfyd;
    Ond rhaid dioddef hefyd
    Y maen bach tryma'n y byd.

Fy ngiamstar o hamstar hy – â doniau
  Houdini i'w rhyfeddu;
  Paham na all o lamu
  O garchar y ddaear ddu?

Tywysog y letysen – y Rwsiad
  O dras uwchfrenhinbren,
  Cnofil o hil Llywarch Hen;
  Fy Tsar, ti oedd fy seren.

Byd o boen yw byd di-Bom – y bochau
  Nid bychain gollasom;
  Heb f'eurbel a heb fawrBom,
  Hynod drist yw 'nghalon drom.

Yn ein gardd, gydag urddas – un arwr
  Sy'n gorwedd dan dromlas;
  Fy awen hardd, fy marddas,
  Fochdew glew dan garreg las.

Gruffudd Owen

63

Cynddelw Brydydd Mawr

Un o sêr Llawysgrif Hendregadredd, os nad ei seren ddisgleiriaf, yw Cynddelw Brydydd Mawr. Cadwyd mwy o'i waith nag unrhyw un arall o Feirdd y Tywysogion. Yn wir, ef yw'r unig fardd y cafodd ei waith ei ddiogelu mewn tair o'r prif lawysgrifau cynnar – Llyfr Du Caerfyrddin, Llawysgrif Hendregadredd a Llyfr Coch Hergest. Ef oedd Iolo Goch neu Ddafydd ap Gwilym ei ddydd, bardd hyderus a dyfeisgar a fyddai'n moli ac yn siarsio ei noddwyr, yn cadw ei gyd-feirdd yn eu lle ac yn ddigon o foi i chwerthin am ei ben ei hun o dro i dro.

Gan mor anodd, heddiw, yw deall llawer o farddoniaeth Beirdd y Tywysogion, ychydig iawn o sylw sydd wedi ei roi i Gynddelw a'i debyg. Dyma achub ar y cyfle i ailgyflwyno i gynulleidfaoedd Cymru fardd a oedd weithiau, drwy ei frolio a'i herio, yn fwy o rapiwr na bardd.

Roedd Cynddelw yn canu rhwng tua 1155 a thua 1195. Mae'n debyg iddo gael ei lysenwi'n Brydydd Mawr nid yn unig oherwydd ei fawredd fel bardd, ond oherwydd ei faint corfforol hefyd. Bu'n fardd i dri phrif dywysog ei ddydd – Madog ap Maredudd, tywysog Powys a fu farw yn 1160; Owain Gwynedd, tywysog Gwynedd a fu farw yn

1170; a'r Arglwydd Rhys o Ddeheubarth, a fu farw yn 1197. Canodd gerddi i nifer fawr o wŷr pwysig eraill ar hyd a lled y wlad, ac mae hyd yn oed yn bosib iddo ganu mawl i Lywelyn Fawr ar ddechrau gyrfa'r tywysog enwog hwnnw. Dyma, yn rhannol, beth oedd yn rhoi awdurdod iddo fel bardd – y ffaith ei fod yn treulio'r rhan fwyaf o'i amser yng nghwmni dynion mwyaf pwerus y genedl. Roedd ganddo gymaint o feddwl ohono'i hun fel yr enwodd ei hun gynifer â deuddeg o weithiau yn ei gerddi.

Credai Cynddelw, fel pob bardd arall yn yr Oesoedd Canol, fod ei awen yn rhodd gan Dduw. Defnyddiai'r gair 'ogrfen' yn aml wrth gyfeirio at ei ysbrydoliaeth farddol, a chyfeiriodd unwaith at ffynhonnell arall o ysbrydoliaeth, sef 'ffyrdd cyrdd Cyridfen' (dulliau celfyddyd Ceridwen), cyfeiriad, mae'n debyg, at bair Ceridwen. Yn hynny o beth, roedd Cynddelw yn ymwybodol o'r ffaith ei fod yn perthyn i draddodiad hir ac anrhydeddus a'i fod yn olynydd o fath i Daliesin, bardd Urien Rheged yn y chweched ganrif. Enwodd hefyd dri bardd o'r gorffennol pell na ddiogelwyd dim o'u gwaith yn y llawysgrifau ond a oedd, yn eu dydd, yn feirdd o bwys – Morfran o'r chweched ganrif ac Afan Ferddig ac Arofan o'r seithfed ganrif.

Roedd Cynddelw'n bencerdd, sef y radd uchaf o fardd, ac fe gâi'r fraint o addysgu disgyblion yn y grefft farddol. Ymhyfrydai yn y statws hwnnw – 'As gwddant 'y nysg 'y nisgyblon' – ac roedd wrth ei fodd yn rhoi gorchmynion trahaus i feirdd eraill. Wrth ganu i'r Arglwydd Rhys, er enghraifft, mae'n taflu ei bwysau o gwmpas fel hyn:

> Gostegwyr llys, gostegwch!
> Gosteg, beirdd: bardd a glywch!

Ac yn llinellau olaf ei gerdd fawl i Fadog ap Maredudd, mae'n anfon y beirdd eraill allan o'r llys tra'i fod yntau'n aros i mewn:

> Cyfodwch, cenwch, cenyf o'm ban*,   *cerdd
> A mi, feirdd, i mewn a chwi allan!

Ond does dim rhaid tybio bod gelyniaeth go iawn rhwng Cynddelw a'r beirdd eraill. Mewn gwirionedd, mae'n siŵr y byddai bod yn rhan o *entourage* Cynddelw wedi bod yn broffidiol iawn i feirdd iau. Dywedodd mewn cerdd i Gaswallon ap Madog o dde Powys fod haelioni ei noddwr wedi ei alluogi iddo yntau i roi rhoddion i eraill yn ei sgil. Ac nid rhoddion pitw chwaith – ar un achlysur cafodd rodd o £20 gan Gaswallon, sydd gyfwerth â rhyw £13,000 heddiw.

Os nad oedd ar Gynddelw ofn ei gyd-feirdd, nid oedd arno fwy o ofn ei noddwyr chwaith. Gwelir drosodd a thro yn ei waith ei fod yn ei ystyried ei hun yn gyfartal â nhw. Roedd angen y noddwr arno ef fel bardd, ond roedd yn gwybod hefyd fod angen ei wasanaeth ef fel bardd ar ei noddwr. Ffordd gynnil o ddatgan hynny oedd dweud bod y noddwr yn haeddu ei wasanaeth, fel y gwnaeth mewn cerdd i Iorwerth Goch o Bowys:

> Haeddws deifniawg ri defnydd – fy marddawr
>
> 'Haeddodd yr un ac iddo ddefnydd brenin sylwedd fy marddlef'

Ffordd fwy plaen o ddisgrifio'r berthynas oedd drwy atgoffa'r noddwr o'r ffaith fod y naill yn dibynnu ar y llall. Gwnaeth Cynddelw hynny mewn cerdd fawl i neb llai na'r Arglwydd Rhys:

> Ti hebof, nid hebu oedd tau,
> Mi hebod, ni hebaf finnau.
>
> 'A thithau hebof fi, ni fyddai llefaru yn dy allu,
> a minnau hebot ti, ni lefaraf innau.'

Ffordd fwy plaen fyth, os nad ymosodol, oedd drwy roi gorchmynion i'r noddwr. Nod Cynddelw yn ei gerdd i'r Arglwydd Rhys oedd cymodi â Rhys ar ôl rhyw anghydfod yn y gorffennol. Cymodi, ie, ond dyma ffordd ryfedd o wneud hynny – drwy roi rhes o ordors cryf i Rys i beidio â'i wrthod!

Na ddala fâr, Casnar, cas heddwch!
Na'm gwrthrawd o'm gwawd, o'm gwarwch,
Na'm gwrthryn, granwyn graid wolwch,
Na'm gwrthod, eirf drafod arfdrwch,
Ni wrthyd Mab Duw dadolwch!
'Paid â dal dig wrthyf, Gasnar, gasäwr heddwch!
Paid â'm condemnio oherwydd fy ngherdd, oherwydd fy ffyddlondeb,
paid â'm gwrthwynebu, ŵr disglair sy'n wrthrych moliant llu mewn brwydr,
paid â'm gwrthod, ŵr toredig ei arf sy'n trafod arfau,
nid yw Mab Duw yn gwrthod cymod!'

Yn ogystal ag arian mawr a chroeso mawr yn y llys, câi Cynddelw roddion gan ei
noddwyr. Canodd gerddi i ddiolch am gorn hela, am darw ac am gleddyf. Cafodd
hefyd roddion o ddillad (o frethyn lliw gwyrdd, coch a phorffor ac o sidan), gwartheg
a gwahanol fathau o feirch hardd. Disgrifiodd un rhodd o feirch gan Ririd Flaidd o
Bowys – meirch a fyddai'n cael eu cadw mewn stabal – fel

Carchardorion ceidron* ceirch.   *hardd

Y gred yw mai ar ôl y wledd yn neuadd y llys y byddai Cynddelw'n canu ei gerdd,
ond mae'n debyg iddo, ar o leiaf un achlysur, ganu i Owain Cyfeiliog 'gwrth sŷr –
a lleuad' (yng ngolau'r sêr a'r lleuad).

Er gwaethaf hoffter Cynddelw o'i frolio'i hun, roedd yn ddigon parod i gael hwyl am
ei ben ei hun. Mewn awdl serch i Efa, a oedd yn ferch i Fadog, tywysog Powys, mae
Cynddelw'n cymryd arno bersona'r carwr gwrthodedig. Hon yw'r enghraifft gynharaf
o gerdd latai (negesydd serch) yn Gymraeg, ac mae'n enghraifft gynnar o'r canu
serch a ddaeth yn eithriadol o boblogaidd yn nwylo Dafydd ap Gwilym maes o law.
Yng ngherdd Cynddelw, cwyno y mae'r bardd wrth ei farch am y ffaith fod y ferch
y mae'n ei charu wedi ei gwrthod. Daethai'r march yn ei ôl unwaith yn barod gydag
ateb negyddol gan Efa, ac mae Cynddelw'n ei siarsio i beidio â dychwelyd yr eilwaith

heb ateb cadarnhaol. Nid yw am drafferthu'r trydydd tro. Ond, er tyngu, mae ei deimladau mor llwyr ddibynnol ar agwedd y ferch tuag ato fel mai go brin y byddai'r gynulleidfa (na'r march) wedi ei goelio.

Mae Cynddelw'n cofio'r adeg pan aeth i'r llys i gwrdd ag Efa. Roedd merched y llys yn ei wylio drwy'r ffenestri – 'trybelid wylain' (gwylanod disglair) oeddynt a oedd wrth eu bodd yn clebran amdano. Ond er cymaint eu diddordeb ynddo, nid oedd gan Efa ei hun rithyn o ddiddordeb:

> Ac ni'm rhif rhiain (rhyfedd a waith!)
>
> 'Ac nid yw'r ferch yn meddwl yn uchel ohonof (dyna beth rhyfedd!)'

Yr awgrym yw fod Cynddelw wedi colli ei gyfle, efallai am iddo unwaith ymddwyn yn haerllug tuag ati. Hi, yn sicr, a gafodd y gorau arno.

Cerdd arall ddigon doniol yw marwnad a ganodd Cynddelw, nid i ferch urddasol na thywysog nac uchelwr, ond i'w geiliog. Bu farw'r creadur mewn amgylchiadau anffodus, mae'n debyg, ac mae Cynddelw'n addo dial am ei farwolaeth. Yna, gan barodïo confensiynau aruchel y canu mawl i dywysogion, mae'n moli ei geiliog am ei allu i fwyta pryfed a hadau ac yn ei alw'n 'beiddiai byddin' (heriwr byddin), 'llyw lledfegin' (pennaeth wedi'i besgi) ac 'edling Muding Mudigfawr' (etifedd brenhinol Mud Mudigfawr). Mae'r enw gwneud hwn, sef tad ymadawedig y ceiliog truan, yn barodi meistrolgar o enwau hynafiaid y tywysogion – ystyr yr enw yw 'Mud Mawrfud'.

Ac eto, rhaid cofio bod yng ngherddi Cynddelw farddoniaeth sy'n ymddangos yn dywyll iawn inni heddiw – nid o ran ei chymhlethdod ond o ran ei thestun. Ac yntau'n clodfori dynion a fyddai'n aml yn gorfod arwain byddinoedd ar faes y gad, nid yw'n syndod fod erchylltra'r bywyd caled hwnnw i'w weld yn ei waith.

Un o noddwyr Cynddelw a oedd yn gyfarwydd iawn â bywyd milwr yn ogystal â bywyd llys oedd Owain Gwynedd. Mewn cerdd fawl waedlyd iawn i Owain, galwodd Cynddelw ei noddwr yn flaidd ac yn walch a ymosododd yn ddidostur ar y Saeson:

> Llafn yn llaw a llaw yn lladd pennain,
> Llaw ar llafn a'r llafn ar llu Norddmain.
> 'Llafn mewn llaw a llaw yn taro pennau,
> llaw ar lafn a'r llafn yn ymosod ar lu'r Normaniaid.'

Sonnir am yfed gwaed, am esgyrn milwyr, am sŵn gwaywffon mewn braich ac am fil o frain yn gloddesta ar y meirw fel pe baent yn rhodd:

> Calennig uddudd* coludd celain.   *iddynt

Mewn brwydr arall, gwelodd lu o feirwon – rhai wedi colli eu breichiau – a chyflwynir darlun hunllefus o ffyrnigrwydd ymladd yn yr oes honno:

> Gwelais wedi cad coludd ar ddrain.

Er nad oes tystiolaeth gadarn fod Cynddelw wedi bod yn rhyfela, wrth y gwaith hwnnw roedd ei fab, Dygynnelw, pan fu farw. Ei gerdd farwnad fer i'w fab yw'r enghraifft gynharaf o gerdd felly yn yr iaith, ac mae'n fynegiant croyw o'i hiraeth amdano. Ei obaith yw y bydd Dygynnelw'n dod o hyd i heddwch yn y nefoedd, er mor anodd i'w dad yw byw yn y byd hwn hebddo:

> Dygen yw hebod bod byd,
> Dygynnelw, a Duw gennyd!
> 'Poenus yw bod y byd yn mynd yn ei flaen hebot,
> Ddygynnelw, a boed Duw gyda thi!'

Llyfryddiaeth
Jones, N. A. a Parry Owen, A. (goln.), *Gwaith Cynddelw Brydydd Mawr I* a *II* (Caerdydd, 1991, 1995)

Parry Owen, A., ' "A mi, feirdd, i mewn a chwi allan": Cynddelw Brydydd Mawr a'i grefft', B. F. Roberts a M. E. Owen (goln.), *Beirdd a Thywysogion: Barddoniaeth Llys yng Nghymru, Iwerddon a'r Alban* (Caerdydd, 1996), 143–65

Llyfr Taliesin

*c.*1300–50 ■ ysgrifennu'r llyfr, o bosib yn
abaty Sistersaidd Cwm-hir

*c.*1447–89 ■ darllenwyd y llyfr gan Lewys Glyn
Cothi pan oedd ym meddiant un
o'i noddwyr, Dafydd ap Rhys o
Dre'rdelyn yn sir Faesyfed

*c.*1600 ■ roedd ym meddiant Hugh Myles o
Dre'rdelyn, ac yna, yn dilyn marwolaeth
Myles, ym meddiant perthynas iddo,
John Lewis o Lynwene

*c.*1631–55 ■ daeth yn rhan o gasgliad enwog
Robert Vaughan o lyfrau yn yr
Hengwrt, ger Dolgellau

1799 ■ gwelodd Evan Herbert o Ddolgellau
y llyfr yn yr Hengwrt

*c.*1859 ■ daeth llyfrau'r Hengwrt i feddiant
W. W. E. Wynne ym Mheniarth, ger Tywyn

1909 ■ daeth y casgliad cyfan i Lyfrgell
Genedlaethol Cymru drwy law
Syr John Williams

Llyfr Taliesin

Llawysgrif Peniarth 2

Llyfr Taliesin

Llyfr bach rhyfedd iawn yw Llyfr Taliesin. Mae'r hyn sydd wedi ei ysgrifennu rhwng ei gloriau'n ffurfio'r corff mwyaf amrywiol a dyrys o hen farddoniaeth yn yr iaith Gymraeg. O ran ei faint, nid yw fawr mwy na Llyfr Du Caerfyrddin, tua 18 cm x 13 cm. Ond mae ei gynnwys yn bellgyrhaeddol ym mhob ystyr.

c.1300–50

Fel Llyfr Aneirin, un cliw yn unig sy'n gymorth i ddyddio Llyfr Taliesin – y llawysgrifen. Roedd y copïydd dienw'n feistr ar ei waith, a defnyddiai lawysgrifen daclus a phroffesiynol o'r enw *textualis formata*, y math mwyaf arbenigol o lawysgrifen a ddefnyddid ar gyfer llawysgrifau o'r radd flaenaf. Mae'r math hwn o lawysgrifen i'w weld mewn llawysgrifau Cymraeg eraill o'r un cyfnod, fel copi o gyfraith Hywel Dda (1302/3) a chopi o chwedlau Siarlymaen, 'Ystoria de Carolo Magno' (1336).

Dyma gyfnod y tri brenin Edward – bu farw Edward I, concwerwr Cymru, yn 1307, a llywodraethodd ei fab, Edward II, hyd ei farwolaeth yn 1327, pan ddechreuodd teyrnasiad ei fab yntau, Edward III.

Edward II,
Royal 20 A II, ffolio 10

yrac blaoz gofedon. bu ynt tanc gan aethant
golludwon llaw ygciwes gryt ygro garandwny
on. kyfedwynt ygwntein kywyn don. gwanecaw
gollychvnt iaon eu kaffon. Gweleis i dwyr gospe
ithic gospylat. dgwyar maglei ar dillat. dullu
ab diaflwyn dows vrth kat. kat gworcho ny vusko
pyn pwyllat ghwo reget renedifi pan neidat.
Gweleis i rann reodic ann vrwen pan ambyth ae
allon. yn llech dren galystem y vychemit oed llaf
yn aethaoz gwyr goworchit vrth aghen. dawo kat
adrifo cawoglwyn. le vny wallowfryhen ynt rgvn
aghen aghen. ny brodif yn dirwen. na molwyf
ruwen.

Vruen prechwyd. haelaf dyn beod. lliaw
rodwyd ywynion elwyd. mal ykynnullwd
yt deseorwd. lladwn bewo bedwd tra vo dyruach
wo. ys mow llawewyd gan clotuan clotrwd. ys
mow gogonnant vot vrwen yae plant. de ef yn
arbennic yn oruchel wledic. ynd mas pellawic.
ynkennwat kynteic. lloegrows aegwrdant pan
ymadrodunt. dgheu aegwant gawlwnt amy
mych godwunt. llosci eu tiefiet adovn eu tudet
de ewronic collet a maoz aghytfret heb gaf
fel gunet. rac vrwen reget. Beget diffrwythu
clot ior agor gwlat vy mod yflyd arnat. Vhop
eirlywdat dwyf dy pelewdat pan eirlywdat kat.

Yn 1314 fe enillodd Robert de Bruce a'i fyddin annibyniaeth i'r Alban yn sgil eu buddugoliaeth dros y Saeson ym mrwydr enwog Bannockburn. Yng Nghymru tua'r un adeg, fe gafodd Gwilym Gam o ardal Aberystwyth a'i wraig, Ardudful, fab o'r enw Dafydd a dyfodd i fod yr enwocaf o holl feirdd Cymru. Er hynny, nid gwaith Dafydd ap Gwilym a ddiogelwyd yn Llyfr Taliesin, ond gwaith beirdd llawer hŷn.

Wyddon ni ddim pwy a ysgrifennodd Lyfr Taliesin, nac ym mhle. Ond rydyn ni'n gwybod ei fod yn gopïydd profiadol iawn, oherwydd mae pedair llawysgrif arall o'i eiddo wedi goroesi – cyfieithiad Cymraeg o 'Historia Regum Britanniae' Sieffre o Fynwy, darn o gopi o chwedl Geraint fab Erbin a dau gopi o fersiwn Cyfnerth (dull Gwent) o gyfraith Hywel Dda. Mae rhai nodweddion ieithyddol yn y llawysgrifau hyn yn awgrymu bod y copïydd yn dod o'r de neu'r canolbarth, ac mae gan un o'r copïau o gyfraith Hywel Dda gyswllt cynnar â Morgannwg. Anodd yw dychmygu lleoliad gwell na chanolfan eglwysig. O'r rhai cymwys yn yr ardal honno, ar y brig mae abaty Sistersaidd Cwm-hir, i'r dwyrain o Raeadr ym Mhowys.

Fel Llyfr Du Caerfyrddin, blodeugerdd yn llawn cerddi amrywiol yw Llyfr Taliesin (er bod rhai tudalennau, yn anffodus, wedi eu colli dros y blynyddoedd). Mae'n bosib fod mynach dienw wedi copïo'r cerddi allan o lyfr tebyg iawn i'r Llyfr Du, ond bod hwnnw wedi mynd ar goll. Ac eto, mae Llyfr Taliesin yn wahanol iawn i'r Llyfr Du hefyd, yn arbennig o ran ei lawysgrifen. Mae pob llinell ar y memrwn yn daclus iawn, y llythrennu'n rheolaidd a'r addurn yn syml (defnyddiwyd inc coch a gwyrddlas er mwyn addurno llythrennau cyntaf y cerddi ac ambell deitl). Er bod hynny'n golygu bod y llawysgrif yn hawdd i'w darllen, nid yw'n dadlennu dim am y copïydd ei hun.

'It is like a new housing estate: we are surprised to discover after a while what interesting old characters live in some of the houses.' (Daniel Huws, *Medieval Welsh Manuscripts*)

Sawl tŷ, felly, sydd ar y stad ddigyffro hon, a phwy yw ei thrigolion?

Mae Llyfr Taliesin yn cynnwys:

- 61 o gerddi;
- 80 o dudalennau;
- dros 3,400 o linellau o farddoniaeth
  (yn ogystal â rhai darnau Lladin).

Mae amrywiaeth y canu sydd wedi ei ddiogelu rhwng cloriau Llyfr Taliesin yn syfrdanol. Yn wir, cymaint yw swmp yr amrywiaeth hwnnw ac aneglurder llawer ohono inni heddiw fel mai dim ond yn ddiweddar iawn y mae ei holl gynnwys wedi ei olygu'n llawn. Mae'r rhan fwyaf o'r cerddi'n ymwneud â Thaliesin – ond pwy oedd hwnnw?

Enw Llyfr Taliesin yn llaw Evan Herbert, offeiriad o Ddolgellau; ysgrifennodd hwn ar ei ymweliad â'r Hengwrt yn 1799 (Llyfr Taliesin, ffolio V)

Llofnod Robert Vaughan ar ffolio 32r

Bardd Urien Rheged?

Y canu enwocaf yn y llawysgrif yw'r hyn sy'n cael ei alw'n 'Ganu Taliesin'. Hynny yw, deuddeg cerdd a gasglwyd ynghyd yn 1960 gan yr ysgolhaig mawr Ifor Williams, a oedd o'r farn eu bod wedi eu cyfansoddi gan fardd o gig a gwaed yn y chweched ganrif. Er bod peth herio ar y farn honno, y gred gyffredinol yw fod Taliesin wedi canu mawl i Urien Rheged ac Owain ei fab. Llai sicr yw awduraeth y cerddi i'r brenhinoedd cynnar Cynan Garwyn a Gwallog. Roedd y bobl hyn i gyd – ac eithrio Cynan, a gysylltir â Phowys – yn byw yn yr Hen Ogledd, sef gogledd Lloegr a de'r Alban heddiw.

Bardd chwedlonol?

Mae 26 o gerddi'r llawysgrif yn ymwneud â'r Taliesin sy'n perthyn i fyd chwedloniaeth. Er bod stori Taliesin, lle mae Gwion Bach yn trechu'r wrach Ceridwen ac yn dod yn fardd i Elffin, yn ddigon cyfarwydd inni heddiw, nid oedd y stori ar y ffurf honno o reidrwydd yn gyfarwydd i'r bardd neu'r beirdd a gyfansoddodd y cerddi chwedlonol yn Llyfr Taliesin. Yn wir, mae'n bosib fod rhannau o stori Taliesin wedi eu seilio ar rai o gerddi'r llawysgrif. Cymeriad diddorol iawn yw Taliesin y cerddi hyn, bardd rhithiol sy'n medru newid ei siâp, sy'n gwybod pob dim am bob peth ac sydd wrth ei fodd yn herio beirdd eraill llai dawnus nag ef.

Bardd crefyddol?

Mae'r cerddi crefyddol (11 i gyd) ymhlith rhai o drysorau'r llawysgrif. Er bod llais y bardd awdurdodol i'w glywed mewn ambell un o'r cerddi hyn, does dim cysylltiad agos â Thaliesin. Yn ôl pob tebyg, fe gawsant eu cynnwys yn y llawysgrif am eu bod yn gerddi cyfoethog iawn, yn llawn cyfeiriadau ysgrythurol a throsiadau dyfeisgar. Mae 'Canu y Cwrw' yn enghraifft dda o'r math yma o ganu, cerdd sy'n fyfyrdod ar fywyd tragwyddol ac ar y grefft o fragu cwrw ar yr un pryd!

Bardd darogan?

Mae rhyw ddeg o gerddi yn y llawysgrif sy'n ddaroganau. Canu tywyll iawn yw'r canu hwn, am ei fod yn llawn delweddau a chyfeiriadau sy'n ddieithr iawn inni heddiw. Nod y cerddi hyn oedd ennyn rhyfeddod a pharch y gwrandawyr yng ngallu'r bardd i broffwydo'r dyfodol, a rhoi gobaith yng nghalonnau'r Cymry drwy ddweud y dôi eto haul ar fryn, ac y codai arweinydd cryf i'w harwain o'u trallod. Yr enghraifft enwocaf yw 'Armes Prydain Fawr', cerdd wlatgarol iawn sy'n galw ar gefndryd Celtaidd y Cymry yng Nghernyw, Iwerddon, Llydaw a'r Hen Ogledd, yn ogystal â Llychlynwyr Dulyn, i ymosod ar y Saeson a'u gyrru o Ynys Prydain unwaith ac am byth!

Mae dwy gerdd arall ar ôl na ellir eu cysylltu'n agos â Thaliesin. Mae'r naill yn gerdd fawl wych o'r enw 'Edmyg Dinbych' a ganwyd yn Ninbych-y-pysgod, a'r llall yn gerdd gwynfanllyd o'r enw 'Echrys Ynys', sy'n sôn am farwolaeth gŵr o'r enw Aeddon a fu'n rheoli Ynys Môn.

Er mor eithriadol o amrywiol yw cynnwys Llyfr Taliesin, mae'n bosib mai ffrwyth awen un bardd yw o leiaf rhai o'i gerddi. Wrth olygu cerddi chwedlonol y llawysgrif yn ddiweddar, sylwodd Marged Haycock ar y tebygrwydd anarferol rhwng rhai o'r cerddi a gwaith un o Feirdd y Tywysogion. Enw'r bardd hwnnw oedd Llywarch ap Llywelyn – a oedd yn cael ei adnabod hefyd fel Prydydd y Moch – bardd a oedd yn canu rhwng tuag 1174/5 ac 1220, ac a ganodd gerddi i feibion Owain Gwynedd ac, ar adeg o weithgarwch creadigol mawr yng Ngwynedd, i Lywelyn Fawr. Roedd Llywarch yn fardd arbennig iawn, ac ni fyddai'n syndod pe bai wedi cyfansoddi cerddi ym mhersona Taliesin, neu'n syml wedi addasu hen gerddi drwy gyfrwng ei awen ddyfeisgar ei hun.

Taliesin

Cerdd am ryfela ac ymateb beirdd iddo yw 'Taliesin'. Cyfansoddais hi yn 1990 adeg Rhyfel Cyntaf y Gwlff, pan oedd lluoedd Prydain, America ac eraill yn cronni yn Saudi Arabia, yn paratoi am ryfel yn erbyn Irac, wedi i'w lluoedd hithau oresgyn Kuwait.

Disgrifiad yw 'Gwaith Argoed Llwyfain' – gan fardd yr ydym yn ei adnabod fel Taliesin – o'r hyn a ddigwyddodd cyn brwydr ('gwaith') rhwng lluoedd Rheged yn yr Hen Ogledd a byddin o elynion dan arweiniad Fflamddwyn. Mae gwŷr Rheged yn gwrthod telerau heddwch afresymol Fflamddwyn, ac mae eu harweinydd, Urien, yn eu hannog i frwydr. Ni ddisgrifir y frwydr ei hun, dim ond ei chanlyniad:

> Arac gweith argoet llwyfein
> bu llawer kelein
> Rudei vrein rac ryfel gwyr

> 'Ac oherwydd brwydr Argoed Llwyfain
> bu llawer celain,
> rhuddai brain oherwydd rhyfelwyr.'

Does neb yn gwybod hanes go iawn Taliesin, ond mae chwedlau a thraddodiadau hud a lledrith amdano (neu o leiaf am rywun â'r un enw), yn cynnwys ei allu i gymryd arno ffurfiau gwrthrychau a chreaduriaid byw.

Ym mhennill cyntaf 'Taliesin', dychmygaf fod y bardd adeg brwydr Argoed Llwyfain, ar ddechrau ei yrfa farddol, wedi cymryd arno ffurf cudyll ifanc. Mae'n gwylio'r frwydr oddi fry, gan rag-weld mwy o ladd a dinistr drwy'r oesoedd. Yn yr ail bennill, mae eto'n aderyn ysglyfaethus – eryr y tro hwn – sy'n edrych i lawr ar faes y lladd yn Fflandrys adeg y Rhyfel Byd Cyntaf, gan gofio'r cychwyn hwn. Yn y pennill olaf, mae'n bengwin sy'n eistedd i wylio rhyfel y Malvinas, ac yna'n ddodo sy'n gwylio'r lluoedd yn paratoi am Ryfel Cyntaf y Gwlff – ond ar ei eistedd, o flaen y teledu.

Taliesin

Yn gudyll ifanc uwch Argoed Llwyfain
profais ddyfodol y byd,
hogiau'n marw drwy drais a damwain
llygaid dall a gwefusau mud,
ffroenais eu braw ar yr awel filain,
tafodais eu gwaed ar y gwynt o'r dwyrain
a gwelais drwy'r oesoedd lawer celain,
brodyr a brodyr ynghyd.

Yn eryr oriog uwch caeau Fflandrys
cofiais y cyfan i gyd,
cofiais drannoeth y lladdfa farus,
gwledda brain ar gelanedd mud,
arwyr toredig yn hercian yn ofnus
a'r baw yn ceulo'n eu clwyfau'n heintus,
clywais weddïau mamau petrus,
a hedd yn amdói y byd.

Yn bengwin styfnig ger Porthladd Stanley
eisteddais drwy'r brwydro i gyd,
llanciau ifanc lleng Galtieri
yn disgwyl diwedd eu byd;
a dyma fy hanes eto eleni
yn gwylio'r byddinoedd ar diroedd Saudi,
yn ddodo drewllyd o flaen y teli
yn heddwch fy nghartref clyd.

Emyr Lewis

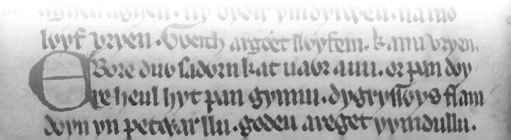

Cad Coedwig

Y gerdd enwog 'Cad Goddau' (Brwydr y Coed) yw'r ail gerdd hiraf yn Llyfr Taliesin (249 o linellau) ac mae'n gerdd ryfeddol sy'n llawn delweddau hudol ac arallfydol. Mae dychymyg y bardd ar ei orau wrth iddo ddechrau â'r gosodiad: 'Bûm yn lliaws rhith' – bu'r bardd yn nifer o ffurfiau rhithiol, syniad sy'n cyd-daro â'r ddelwedd o fardd, ym meddwl rhai, fel bod sy'n gallu darogan y dyfodol a chyflawni campau hudol. Fe fu'n gleddyf main, yn ddeigryn yn yr awyr, yn wawl o'r sêr, yn air mewn ysgrifen, yn llyfr (yn ei anterth), yn bont dros drigain aber, yn llwybr, yn eryr, yn gwrwgl, yn fwrlwm mewn diod, yn dant mewn telyn, yn ewyn yn y dŵr ac yn wreichionyn yn y tân! Fe fu'n enfawr ac yn fach, fach ar yr un pryd.

Mae'r pentwr hwn o ddelweddau'n galw am ddyfeisgarwch a dychymyg byw, rhinweddau sydd, mae'n siŵr, yn deillio o brofiadau'r bardd fel un a fu'n filwr yn ogystal â bardd. Yn ôl chwedloniaeth y gerdd, daeth y milwr ar draws nifer o angenfilod dychrynllyd – profiad wy' eto i'w gael ac yn annhebygol o'i gael byth!

Diddorol hefyd yw nodi'r grefft y tu ôl i ffurf a mydr y gerdd. Rwy wedi ceisio adlewyrchu'r patrwm odli yn fy ngherdd i, sef un odl yn cael ei phentyrru, un llinell ar ôl y llall, cyn troi'n ddisymwth i ddefnyddio odl newydd. Mae hyn yn debyg iawn i batrymau odli'r enghreifftiau ceinaf o rapio y down ar eu traws heddiw, ac felly rap, yn ei hanfod, yw fy ngherdd i. Camp amhosib i mi fyddai bod mor ddychmygus a rhyfeddol fy nelweddau â Thaliesin ond, er gwaetha'r clais wedi'r cwymp, ces foddhad o fod wedi ymdrechu. Er cydnabod amherffeithrwydd fy ngallu o'i gymharu â Thaliesin, rown i'n fodlon â'r broses honno o roi cynnig arni.

'Cad Goddau',
Llyfr Taliesin, ffolio 11r

urch vyg godeidab. am harvolles ynar grafrud
girb escar. borffodey sleis nav nos yny chroch
yn dras. bum aeduedic. bum llat ruc guledic.
bum maro bum byw. keig ydym edib. bum y
ardradabt. yracdib bum tabt. am eil kyghores
sres grafrud am rodes. odit traethattor mabr
molhator. antyf tahessm ryphrydaf iabillm.
pnahabt hyt sffm. yghynnelo elphm. Kat
bm ynlliabs rth lym bum dis goden.
gysrth. bum cledyf culurith. credaf ym
brith. bum deigyr yn adbyr. bum serdab syr.
bum gear yn llythyr. bum llyfyr ym prifder.
bum llugyrn lleufer bloydyn alhanher. bum
pont ar triger ar trugein aber. bum hynt bu
eryr. bum corve ymyr. bum darbed ynllat.
bum dos ygbadrat. bum cledyf yn aghat. bum
yscbyt yg kat. bum tant yntelyn lletrthabe
nab bloydyn. yu dofyr yn edbyn. bum yspos
yn tan. bum gbyd yncrthan. nyt mi byf my
gan keint yr yn bychan. keint yg kat goden
bric. rac prydein wledic. gbeint venrch canhohc.
llyghellsad menedic. gbeint mil mabrem. ar
nab yo oed campen. achat erdygnabt dan von
ytauabt. achat arall yssyd yny wegilyd. llyff
an du gaflab. Cant edrm arnab. rheidyr ve
rth gribabc. cant enert troy bechabt abeenr

Mae yna gyfeiriadaeth bersonol yn fy ngherdd i, yn ogystal ag ambell beth amserol hefyd. Wrth i mi ei hysgrifennu, bu farw Nelson Mandela. Meddyliais y byddai'n addas i mi gyfeirio ato yn y gerdd. Rhyfedd yw meddwl bod yna linyn bogeiliol (llac iawn) yn cysylltu Madiba â Llyfr Taliesin!

Cad Coedwig

Wy'n fampir milflwydd oed a'i adlewyrchiad yn rhith
Wy'n olygfa o'r 'Gododdin' mewn dafn o wlith
Wy'n bluen yn adain y cynta' i adael y nyth
A dyf yn gwilsen sydd nawr yn sgwennu fy llith
Wy'n seibiau rhwng y tician wrth i'r car droi i'r chwith
Ac yn groesffordd i'r cemegau gwrdd yn dy feddwl
Wy'n benderfyniad yn dy ymennydd i gadw draw o drwbwl
Wy'n fecanwaith o anwedd sy'n cylchdroi yn gwmwl
Wy'n froga sy'n llamu ym mreuddwyd y penbwl
Wy'n gythraul mewn gair a dry'n gorwynt o gythrwfwl
Wy'n feddwl gwag cyn clatsien tswnami'r awen
Wy'n gwpled gwych o froc môr ar y ddalen
Wy'n wên Mandela sy'n pontio'r gynnen
Wy'n Feibl Wiliam Morgan sy'n achub trwy ddarllen
Wy'n Llyfrgell Bodleian mewn *Kindle* heb wifren
Wy'n dafod mewn boch ac yn binsiad o halen
Wy'n ben ac yn bont yn gorwedd dros afon Hafren
Wy'n rantiwr o rapiwr sy'n eich gwylltio drwy beidio gorffen!
Wy'n ffrwyth meddwl gwallgofddyn. Bardd, dyna i gyd.
Pan goda' i o 'ngwely fe goncra' i'r byd,
Rhyw bryd, rhyw bryd, rhyw bryd …

Aneirin Karadog

*c.*1350 ■ ysgrifennu'r llyfr, yn ôl pob tebyg yn abaty Sistersaidd Ystrad-fflur

*c.*1350–1400 ■ darllenwyd y llyfr gan Hywel Fychan ap Hywel Goch, prif gopïydd Llyfr Coch Hergest

*c.*1450–89 ■ daeth i feddiant Elisau ap Gruffudd o Landegla ar gyrion dyffryn Clwyd, noddwr beirdd a gorwyr i Rydderch; cofnodwyd blwyddyn ei farwolaeth yn 1489 ar ddalen yn y llyfr

*c.*1550–83 ■ daeth i feddiant Elisau ap Wiliam Llwyd o Riwedog, ger y Bala, noddwr beirdd a gorwyr i Elisau ap Gruffudd o Landegla

*c.*1580–1600 ■ trawsysgrifiwyd testunau o'r llyfr gan Roger Morris o Lanfair Dyffryn Clwyd

1594 ■ trawsysgrifiwyd testunau o'r llyfr gan Thomas Wiliems, dyneiddiwr o fri o sir Gaernarfon

*c.*1595 ■ roedd ym meddiant Jaspar Gryffyth, casglwr llawysgrifau a chopïydd o'r Trallwng

1634 ■ roedd ym meddiant John Jones, Gellilyfdy, dyneiddiwr a chopïydd hynod weithgar o sir y Fflint, pan ddatgymalodd y llyfr yn ddwy ran am y tro cyntaf, yn ôl pob tebyg

*c.*1658 ■ pan fu farw John Jones, trosglwyddwyd y rhan fwyaf o'i lyfrau, yn cynnwys y Llyfr Gwyn (yn ôl pob tebyg), i lyfrgell enwog Robert Vaughan yn yr Hengwrt, ger Dolgellau

*c.*1859 ■ daeth llyfrau'r Hengwrt i feddiant W. W. E. Wynne ym Mheniarth, ger Tywyn

1884 ■ treuliodd y rhan fwyaf o'r flwyddyn hon gyda Gwenogvryn Evans yn Rhydychen, a fu wrthi'n ei ddadansoddi

1909 ■ daeth y casgliad cyfan i Lyfrgell Genedlaethol Cymru drwy law Syr John Williams

Llyfr Gwyn Rhydderch

Llawysgrif Peniarth 4

Llyfr Gwyn Rhydderch

Mae Llyfr Gwyn Rhydderch yn cynnwys y casgliad cyfoethocaf a chynharaf o destunau rhyddiaith seciwlar a chrefyddol yn Gymraeg, yn ogystal â rhai cerddi. Hwn yw'r unig un o'r llyfrau cynnar a enwyd ar ôl ei noddwr – yn wir, hwn yw'r llyfr cyntaf y gellir ei gysylltu gydag unrhyw noddwr hysbys. Tociwyd ei ddalennau'n bur chwyrn gan rwymwyr diweddarach, ond mae'n dal i fod yn llawysgrif o faint digon anrhydeddus, tua 21 cm x 15 cm, ryw fymryn yn llai na Llawysgrif Hendregadredd.

c.1350

Roedd canol y bedwaredd ganrif ar ddeg yn amser cyffrous a pheryglus yng Nghymru a thu hwnt. Ar y naill law, roedd y genhedlaeth gyntaf o Gywyddwyr – Dafydd ap Gwilym a'i debyg – wrthi'n canu cerddi na chlywyd eu tebyg erioed o'r blaen. Roedd Edward III ar yr orsedd yn Llundain ac yn cael llawer gwell hwyl ar lywodraethu na'i dad trychinebus, Edward II. Dyma gyfnod dechrau'r Rhyfel Can Mlynedd rhwng Prydain a Ffrainc, ac enillodd nifer o Gymry rhyfelgar fri mawr yn ymladd dramor. Ar y llaw arall,

roedd y Pla Du wedi anrheithio ei ffordd drwy Ewrop ers blynyddoedd lawer, ac yn 1349 fe gyrhaeddodd orllewin Cymru. Yn wir, mae'n bosib iddo gipio bywyd neb llai na Dafydd ap Gwilym ei hun. Tua'r un adeg, yn abaty Sistersaidd Ystrad-fflur yng Ngheredigion, aeth pum copïydd ati i ysgrifennu'r hyn a fyddai'n cael ei adnabod maes o law fel Llyfr Gwyn Rhydderch.

Omne Bonum, Royal 6 E VI, ffolio 301

Llyfr Gwyn Rhydderch,
rhan Peniarth 4, ffolio 1r
(maint cywir)

wyll pendeuic dyuet
a oed yn arglwyd ar seith
cantref dyuet. a threig
ylgweith ydoed yn arberth
prif lys idaw a dyuot yny
uryt ac yny uedwl uynet
y hela. Sef kyueir oy gyuoeth
a uynnei y hela glynn cuch.
ac ef a gychwynnwys y nos
honno o arberth ac a doeth hyt
ym penn llwyn diarwya. Ac
yno y bu y nos honno. A thr
annoeth yn ieuengtit y dyd
kyuodi aoruc a dyuot y lynn
cuch y ellwng e gwn dan y coet.
a chanu y gorn a dechreu dy
gyuor yr hela. a cherdet yn
ol y cwn ac ymgolli ae gydy
mdeithon. ac ual y byd yn
ymwarandaw allef yr erch
ys. ef a glywei llef erchwys
arall. ac nit oedynt unllef.
a thynnu y dyuot yn erbyn
y erchwys ef. ac ef a welei la
nnerch yny coet o uaes gu
astat. ac ual ydoed yerchwys
ef yn ymgael ac ystlys yllan
nerch ef a welei carw o ulaen
yr erchwys arall. apharth a
phercued yllannerch llyna
yr erchwys aoed ynyol yn
ymordiwes ac ef. ac yny ulw
yr llawr. ac yna edrych ohon
aw ef ar liw yr erchwys heb
hanbwyllaw edrych ar y carw.
ac or a welsei ef o helgwn ybyt.
ny welsei cwn un lliw ac wynt.
Sef lliw oed arnunt. claerwynn

llathreit ac eu clusteu
gochyon. ac ual y llathre
y gynnei y cwn yllathreu
chyei y clusteu. ac ar hynny
at y cwn y doeth ef. ac yrru
yr erchwys alad piler y carw
e ymderth. a llathyaw y erch
wys ehunan ar y carw. ac ual
y byd yn llathau y cwn. ena
y welei uarchauc yn dyuot
yn ol yr erchwys y ar uarch
erchlas mawr. A chorn canu
am y wnbwgyl. a gwisc
thyn llwyt teir amdan
yn wisc hela. ac ar hynny
y marchauc a doeth
a dywedut wrth
aunben heb ef
wyti ac ny chyn
it. Ie heb ef ac et
arnat o amryson y
chyei. Unben heb ef
lygdawt y amryson a th
ei teil am hynny. Unben
heb wrteu beth amgen...
broti a dub heb wrteu dy
awyrbot dy hun a th a ny
werbyt. Pa amryberyt a
ben a welei ti a mi...
welei amrysteroyet y...
or heb ef ro gyrru ...
wys alad piler ym ac
erth. a llithau dy erchwys
dy hun arnaw. hynny y
ef amrywerbyt oed. ac hy
nyst yn diala y ...
a dub heb ef mi ...
anglot at gwerth...

Dechreuodd y pum copïydd ysgrifennu tua'r un adeg, a hynny ar femrwn da gydag inc brown tywyll o safon uchel. Yn anffodus, nid oes modd enwi'r un ohonynt, felly da o beth fyddai dilyn dull Daniel Huws a'u galw, yn ôl eu trefn, yn llawiau A, B, C, D ac E.

Llaw A oedd yr unig un a ysgrifennodd destunau didactig neu grefyddol yn unig, a'r unig un a ysgrifennodd destun mewn iaith arall – darn crefyddol mewn Lladin – sy'n awgrymu bod ei gynllun gwreiddiol yn wahanol i gynllun y llawiau eraill. Mae hyd yn oed yn bosib fod ei ran ef o'r llawysgrif wedi ei hysgrifennu mewn canolfan eglwysig arall, ac nid yn Ystrad-fflur. Efallai mai llaw A a ysgrifennodd Lyfr Blegywryd, copi o fersiwn Dyfed o gyfraith Hywel Dda sy'n dangos ôl dylanwad eglwysig. Ef oedd yr unig un a ysgrifennodd ar draws y dudalen – rhannodd y copïwyr eraill eu tudalennau'n ddwy golofn.

Llaw B oedd neb llai na'r ancr (meudwy) a ysgrifennodd Lyfr Ancr Llanddewibrefi yn 1346, y casgliad cynharaf a helaethaf o destunau crefyddol Cymraeg Canol. Mae'n amlwg ei fod yn gopïydd profiadol iawn, oherwydd mae dwy lawysgrif arall ganddo wedi goroesi sy'n cynnwys testunau Cymraeg o 'Brut y Brenhinedd', 'Brut y Tywysogion' ac 'Ystoria Dared' (hanes Troea). Un o nodweddion ei arddull yw ei ddull o lenwi llinellau gwag â'r hyn a elwir gan Daniel Huws yn 'llygod'.

Mae llawiau C, D ac E yn debyg i'w gilydd, ac efallai eu bod yn gynnyrch ysgol ysgrifennu. Os felly, llaw D oedd seren y dosbarth, y copïydd a ysgrifennodd fwy na neb arall yn y llawysgrif ac a ddiogelodd, ymysg pethau eraill, 'Bedair Cainc y Mabinogi'. Mae'n bosib mai ef hefyd oedd y 'golygydd', y gŵr a gasglodd gwahanol rannau'r llawysgrif ynghyd.

Daw'r cyfeiriad cyntaf at deitl Llyfr Gwyn Rhydderch o'r flwyddyn 1573, pan ysgrifennodd Richard Langford o Drefalun y geiriau hynny mewn llawysgrif goll a fu, serch hynny, yn ffynhonnell i gopïwyr eraill. Ceir llu o enghreifftiau eraill o droad yr unfed ganrif ar bymtheg, fel hwn gan Thomas Wiliems yn 1602 (neu'n fuan wedyn):

y lliver Gwyn y Rydderch

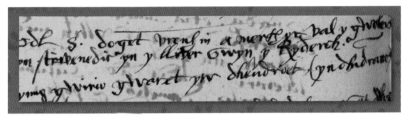

Fel mae'r geiriad hwn yn ei awgrymu, mae'n debygol fod rhywun wedi ysgrifennu un tro ar glawr neu ddalen rwymo'r Llyfr Gwyn y geiriau 'y llyfr Gwyn i Rydderch' mewn Cymraeg Canol, ond bod y darn hwnnw o'r llawysgrif wedi ei golli.

Pwy oedd y Rhydderch hwn? Neb llai na Rhydderch ab Ieuan Llwyd o ddyffryn Aeron, un o wŷr mwyaf llengar ei oes. Roedd nifer o'i hynafiaid yng Ngheredigion wedi chwarae rhan flaenllaw yn hanes gwleidyddol a diwylliannol Cymru, fel yr Arglwydd Rhys (arweinydd Deheubarth ac, i bob diben, sylfaenydd Ystrad-fflur yn 1164). Cafodd Rhydderch ei eni tua 1325 a'i fagu ar aelwyd ddiwylliedig iawn nid nepell o Ystrad-fflur, lle byddai beirdd mwyaf blaenllaw'r oes wedi canu mawl i'w rieni, Ieuan Llwyd ac Angharad. Yn eu plith roedd Dafydd ap Gwilym ei hun, a ganodd awdl i Angharad a ysgrifennwyd mewn llawysgrif a oedd ym meddiant y teulu – Llawysgrif Hendregadredd. Daeth Rhydderch yn noddwr beirdd hefyd, a chanwyd cerddi iddo gan nifer o'r Cywyddwyr cynnar – Dafydd ap Gwilym, Iolo Goch, Llywelyn Goch ap Meurig Hen a Gruffudd Llwyd. Roedd yn arbenigwr hefyd ar y gyfraith Gymreig, a daliodd nifer fawr o swyddi gweinyddol yn y de hyd ei farwolaeth tua diwedd y ganrif. Yn ei henaint fe genhedlodd Rhydderch fab, Ieuan ap Rhydderch, a ddaeth yn un o feirdd mwyaf dysgedig y bymthegfed ganrif.

Rhydderch, yn ôl pob tebyg, a gomisiynodd y Llyfr Gwyn. Hynny yw, fe dalodd am y gwaith o gynhyrchu'r llawysgrif gan arbenigwyr yn Ystrad-fflur, a hynny pan oedd Llywelyn Fychan ap Llywelyn yn abad yno. Llywelyn Fychan oedd yr abad Sistersaidd cyntaf y mae'n hysbys iddo noddi barddoniaeth Gymraeg – gan Iolo Goch a Llywelyn Goch ap Meurig Hen – ac mae'n debygol fod ganddo ran yn y gwaith o greu'r llyfr. Y tebyg yw y byddai'r tudalennau wedi eu cau'n wreiddiol rhwng cloriau pren â chroen wedi ei drin yn wyn.

Parcrhydderch, Llangeitho, *c*.1885

Mae'r Llyfr Gwyn yn cynnwys:

- 46 o destunau rhyddiaith;
- 476 o dudalennau;
- tua 18,650 o linellau o ryddiaith.

Gogoniant y Llyfr Gwyn yw ei destun o 'Bedair Cainc y Mabinogi'. Mae'r uned hon o chwedlau – Pwyll, Branwen, Manawydan a Math – yn un o drysorau mwyaf cyfoethog a dylanwadol yr iaith Gymraeg. Dyma, yn ôl llawer, brif gyfraniad yr iaith i lenyddiaeth y byd. Mae testun y Llyfr Gwyn yn deillio o gynsail goll, sef llawysgrif neu gopi o lawysgrif hŷn lle'r ysgrifennwyd y chwedlau hyn ar femrwn am y tro cyntaf. Y tebyg yw eu bod wedi goroesi ar dafod leferydd am ganrifoedd cyn hynny, ac wedi cael eu hailddefnyddio drosodd a thro ar hyd a lled y wlad fel adloniant gan gyfarwydd (storïwr) proffesiynol.

Mae nifer o straeon a chymeriadau'r 'Pedair Cainc', fel angenfilod Annwfn, yr hud ar Ddyfed a dioddefaint Rhiannon, Branwen a Blodeuwedd, yr un mor boblogaidd heddiw ag erioed, ac yn parhau i ysbrydoli beirdd a llenorion mewn pob math o ieithoedd.

'The White Book, or what survives of it, is today Peniarth 4 and 5, in the National Library of Wales. It has suffered rather like many a medieval church, both from dilapidation and restoration.' (Daniel Huws, *Medieval Welsh Manuscripts*)

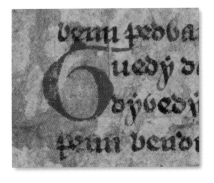

Ond mae'r Llyfr Gwyn yn cynnwys chwedlau eraill hefyd. Yn y bedwaredd ganrif ar bymtheg fe gyhoeddodd Charlotte Guest yr holl chwedlau dan yr enw 'The Mabinogion'. Mae'r teitl wedi glynu bellach wrth gasgliad o storiau sy'n cynnwys holl chwedlau'r Llyfr Gwyn – y 'Pedair Cainc', 'Breuddwyd Macsen Wledig', 'Cyfranc Lludd a Llefelys', y Tair Rhamant ('Owain', 'Peredur' a 'Geraint') a 'Chulhwch ac Olwen'. Mae'r chwedl olaf, 'Culhwch ac Olwen', yn haeddu sylw arbennig am ei bod, yn ei ffurf ysgrifenedig, yn hŷn na'r holl chwedlau eraill, ac am ei bod yn rhoi portread dadlennol o'r Arthur Cymreig gwreiddiol flynyddoedd lawer cyn i drwbadwriaid Ffrainc gael gafael arno.

Mae darnau o'r hyn a elwir heddiw 'Y Mabinogion' i'w cael mewn chwe llawysgrif gynharach na'r Llyfr Gwyn, ond mae'n debygol mai yn y Llyfr Gwyn y cawsant eu rhoi at ei gilydd mewn un llyfr am y tro cyntaf, ynghyd â rhai testunau seciwlar eraill. Mae hyn yn adlewyrchu'r arfer o gynhyrchu blodeugerddi tebyg yn Ffrainc a Lloegr tua'r un adeg. Yn wir, mae'n debygol fod y rheini a luniodd Llyfr Coch Hergest, sy'n cynnwys amrywiaeth enfawr o bob math o wahanol destunau, wedi eu hysbrydoli gan wychder y Llyfr Gwyn.

Rhoddir llawer llai o sylw heddiw i nifer o'r testunau eraill yn y Llyfr Gwyn, ond mae'n sicr eu bod yn hynod o boblogaidd yn yr Oesoedd Canol. Mae rhai'n destunau

crefyddol, fel 'Ystoria Adda ac Efa' (hanes apocryffaidd Adda ac Efa wedi iddynt adael Gardd Eden), 'Bonedd y Saint' a bucheddau (Mair, Santes Catrin, Santes Margred). Mae testunau eraill yn perthyn i feysydd eraill. Ceir digon o ramant glasurol, fel 'Ystoria Bown o Hamtwn', cyfieithiad rhyddiaith o gerdd Eingl-

Normanaidd goll. Dosberthir rhai testunau ym maes doethinebu, fel 'Trioedd
Ynys Prydain' a 'Phroffwydoliaeth Sibli Ddoeth' (Sibli ferch Priam o Droea). Ceir rhai
testunau daearyddol, fel 'Delw y Byd', a rhai seryddol, fel 'Almanac'. Roedd y llawysgrif
hefyd yn cynnwys englynion ynghylch Geraint fab Erbin ond, yn anffodus, dim ond
eu llinellau cyntaf sydd wedi goroesi.

Mae'r ychydig farddoniaeth gyflawn sydd yn y Llyfr Gwyn yn perthyn i gyfnodau
diweddarach. Y gerdd gynharaf yw 'Englynion y Cusan', cyfres o bedwar englyn
a briodolir i Ddafydd ap Gwilym ac un o'r ychydig destunau yn y llawysgrif y gellir
ei gysylltu o bell â Rhydderch ei hun. Ac yntau'n noddwr i Ddafydd, tybed a oedd
y gerdd yn ffefryn ganddo? Yr unig gerdd arall lled gynnar yw tri englyn proest i Fair
ac Iesu gan Lywelyn ab y Moel o'r Pantri, bardd a fu ar herw adeg Gwrthryfel Owain
Glyndŵr ac a fu farw yn 1440. Mae'r gerdd yn nodedig am ei disgrifiad o Fair yn y
llinell gyntaf, 'Ys da ferch a ordderchodd'. Bu'r disgrifiad beiddgar yn ddigon i beri
i ryw ddarllenydd diweddarach ysgrifennu'r geiriau pryfoclyd hyn o dan y gerdd –
'a chwerddi di vardd?'

Llyfr Gwyn
Rhydderch,
rhan Peniarth 4,
ffolio 29r

Mab a Roddwyd

Mae cymeriadau ymylol y Mabinogi wastad wedi fy nghyffroi. Oni chafodd Blodeuwedd a Branwen hen ddigon o sylw yn ein llenyddiaeth, a'u personoliaethau trasig a beiddgar yn ennyn mwynhad a dirmyg? Dyma gymeriadau sydd wedi eu mawrygu ym meddylfryd ein diwylliant. Ond beth am y gwragedd hynny sy'n cyflawni gweithredoedd dewr mewn modd tawel, heb dynnu sylw atynt eu hunain?

Dyna sut y daeth hanes gwraig Teyrnon yng Nghainc Gyntaf y Mabinogi i fod ar ffurf cerdd fonolog. Mor hyfryd yw'r stori am y ddau yn dod o hyd i Bryderi ac yn ei fagu fel mab iddynt. Ac yna'n ei ildio wedyn wrth glywed hanes Rhiannon a'i phenyd hithau. Dyna wir ddewrder. Beth pe bai pobl wedi credu iddynt ei gipio, fel y storïau hunllefus y clywn amdanynt heddiw? Ydi, mae'n stori gyfoes, gref. Ei gogoniant yw eu hymateb hwy: cadarnhaol, haelfrydig ac anhunanol. Diweddglo llawen sydd i'r stori.

Y gwerthoedd hynny yr oeddwn am eu trosglwyddo yn y gerdd, a hynny yn llais y wraig nad oes iddi enw ond yng nghysgod ei gŵr. Ymuna, felly, â'r lliaws anhysbys sydd wrthi'n meithrin ac yn magu, yn cynnal ac yn dyfalbarhau heb ddisgwyl unrhyw ddiolchgarwch. 'A allodd hon, hi a'i gwnaeth'. A hynny mewn helaethrwydd. Wedi'r cyfan, oni chawn yn y Beibl y geiriau hyn hefyd: 'Swyn ar ben swyn yw gwraig wylaidd', ac mewn man arall, 'y mae prydferthwch gwraig dda yn harddu ei thŷ, fel lamp yn llewyrchu ar ganhwyllbren sanctaidd'.

Er cwblhau'r gerdd, mae'r darlun o'r ddwy fam yn dal yn fyw yn fy meddwl, a dedwyddwch y teulu estynedig yn foeswers gyfoes a rhiniol o'r Mabinogi.

Mab a Roddwyd

Colli cwsg oedd y golled gyntaf,
yntau'n taeru i rai fwrw melltith
ar ei gaseg ym mherfedd nos.
'Diraid ydym,' meddai,
'a'n tynged yw'r crud gwag.'
Oerodd fy ngwely innau,
wylo'r oriau wnawn,
ysgyrion rhwng morddwydydd.

Yna, un noson leuad goch,
y trwst annaearol,
a rhwng ei gamau breision
a'i anadl yn gyffro,
yno, yn ei ddwylo,
tu ôl i sidan crych,
un pefryn mewn bwndel bach.
'Rhodd o'r goruchaf,
arwydd i'r ysbryd drugarhau,
rhoi coron i ni o'i gorun cu.'

Chwerddais. Tafodrydd
a brwd oedd Teyrnon,
ysbleddach o'i ach,
ond nid wyf am achwyn,
cans nid ffôl mo'i orfoledd,
daeth eto'n gywely,
aml y clywn ef yn suo,
'chwid, chwid … o groen bela'.
Deffrown ambell awr
a'i weld yn syllu arno'n
swatio rhyngom.

'Oes cysur mwy, dwed i mi,
na'r wên ar wyneb epil
gyda breuddwyd yn ei lygaid?'

Prifiodd y bychan yn llanc,
llam a phaladr parod,
yn dilyn ei dad i'r wig,
naddu ffyn, gweithio cewyll.
Cans mab a roddwyd i ni,
un rhyfeddol fel na allai
atal ei leferydd amdano –
hyd nes i'r swae droi'n siarad
mewn dwrn, a daeth si arall
am golled ac iddi benyd,
mai ei heiddo *hi* ydoedd,
'nid eu haeddiant hwy'.

Gallaf gofio'r ymadael,
lleihau tua'r gorwel
fel adenydd gwenynen.
Aroglais ei obennydd,
a'i anadl pêr arno,
plygu'r dillad a sgathrodd
wrth ddringo'r llethrau.

A iau anesmwyth oedd cilgant y lleuad.

Trwst a mwstwr mwy
a ddaeth ddyddiau wedyn.
'Ie, mab a aned iddi,'
meddai, 'ond cawsom ninnau
ran yn chwedl Rhiannon'.

Bûm yn malu grawn drwy'r bore,
yn gloywi pob llestr,
tynnu piser o'r ffynnon,
yn ei chwmni *hi*
y daw yfory.

Gwn y byddwn
yn ail-fyw pob sill,
wedi sylwi ar bob ystum,
a bydd ein gwely'n gras,
y lleuad yn ei hwyliau,
a'r nos yn felys
– gan hirbarhau.

Menna Elfyn

Llyfr Gwyn Rhydderch, rhan Peniarth 4, ffolio 9v

Ynys

R own i wedi addo i mi fy hunan na fyddwn i'n ceisio eto am y Goron, ond pan gyhoeddwyd y testun 'Ynys', rown i'n gwybod ar unwaith beth i'w sgwennu. Roedd fy ngŵr a fi wedi pasio Gwales yn sir Benfro – ynys fach ddrewllyd, cartref i filoedd o huganod – pan oedden ni'n hwylio rhwng Iwerddon a Chymru. Cofiais am y darn am yr ynys yn y Mabinogi:

> Ac yna y parodd Bendigeidfran dorri ei ben … 'Ac yng Ngwales ym Mhenfro y byddwch bedwar ugain mlynedd. A hyd onid agoroch y drws parth ag Aber Henfelen, y tu ar Gernyw, y gellwch fod yno a'r pen yn ddi-lwgr gennych. Ac o'r pan agoroch y drws hwnnw, ni ellwch fod yno.'
>
> *Pedair Cainc y Mabinogi: Chwedlau Cymraeg Canol*, diweddariad T. H. Parry-Williams (Caerdydd, 1937), 54–5

Mae ynys yn fath o ben ac rown i am i bob pennill o'r bryddest fod yn ynys ym môr gwyn y papur. Gwnaeth pen gwyrthiol Bendigeidfran argraff arnaf fel plentyn. Dim ond arwr a allai golli gweddill ei gorff a pharhau i fod yn arweinydd ei fintai. Mae rhywbeth chwerthinllyd o lythrennol am y ddelwedd o'r pen (arweinydd) yn ben a dim arall. Mae hon yn ddelwedd awgrymog iawn i'r isymwybod, er nad yw'n gwneud synnwyr yn rhesymegol. Cafodd ffrind i fi weledigaeth ysbrydol unwaith yn y Dwyrain Pell. Dywedodd Duw wrtho mai'r teledu oedd un o gewri'r Datguddiad – a dyna fi'n meddwl am y teledu, dychymyg ein cymdeithas, fel pen Brân.

Nid Bendigeidfran (yr un person â Brân) yw'r unig gawr a gollodd ei ben mewn chwedloniaeth. Ar fordaith ddiweddarach, fe gyrhaeddon ni Galicia, gogledd Sbaen, ardal lle mae'r iaith Geltaidd yn haws i'w deall na Sbaeneg i rywun sy'n siarad Cymraeg. Ar ymweliad â'r goleudy Rhufeinig yn La Coruña, dysgais fod pen y cawr Geryon wedi ei gladdu o dan y ddinas. (Dygodd Hercules ei wartheg – i'r rhai hynny ohonoch chi sy'n gyfarwydd â'r operâu sebon clasurol.) Meddyliwch – pen cawr wedi ei blannu fel bwlb o dan ddinas, a honno'n blodeuo o ddychymyg yr arwr fel blodyn cymhleth. Dyma, yn y diwedd, oedd tynged Brân, gan mai fe yw sylfaenydd Llundain. Dwn i ddim a yw'r cawr yn parhau i barablu ai peidio – does dim rheswm i feddwl ei fod yn dawel, er mai ychydig iawn o'i ddinasyddion sy'n gwybod i bwy maen nhw'n perthyn.

Un o'r rhesymau pam rwy'n hoffi'r Mabinogi yw oherwydd nad yw'r dwys a'r difrifol yn wahanol yn y meddwl canoloesol. O ganlyniad, rhoddais ganiatâd i mi fy hunan i gynnwys iaith lafar a thipyn o bryfocio rhwng y cymeriadau. Wedi'r cyfan, does dim llawer i'w wneud os mai dim ond pen ar ynys ydych chi, ac er bod pedwar ugain mlynedd o wledda'n swnio'n addawol iawn, gallai fod yn undonog. Serch hynny, mae'r syniad o wneud dim ond gwylio'r môr am gyfnod mor faith yn apelio'n fawr ata' i. Fy unig ofn yw na fyddai modd i mi weld popeth.

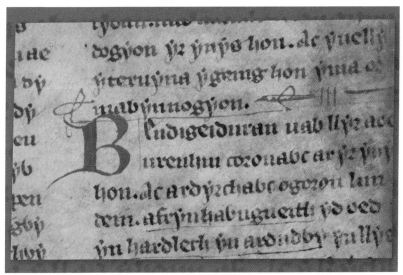

Llyfr Gwyn Rhydderch, rhan Peniarth 4, ffolio 10r

Ynys

(detholiad)

1
Pennill bach o dir, y môr
Yn gerrynt o'i amgylch. Golau. Pen.
Gwales. Amser amgen.

2
Gwledda

Dychmygwch pe medrech chi gnoi cil
Ar gwmwl, pe bai gwylio'r môr
Yn weithred amheuthun. Pe bai golau'r bore'n
Heneiddio fel medd a phob munud
O bedwar ugain mlynedd
Yn faethlon fel pryd. Pe bai ffaith eich newyn
Yn ddigon i gario bron y golau
At eich gwefusau a chithau fel baban
Neu dduw anghenus, bod sêr
Yn hadau pomgranadau'r nefoedd –
Gloddest di-ben-draw.

(Anghofiwch y môr
                              yn sôn
                                       am ddim
Ond amser a syched,
                              syched amser.)

5

Mae'r diwrnod yn canu heb anadlu:
Tiwn gron, tiwn gron amser.
Gwawr a llanw, awel, glaw.

Hoga'r dydd fin y golau
Ar ddŵr a chraig,
                              porfa,
                                          a phlu.
Tiwn gron, tiwn
                        gron amser.

Thema ac amrywiadau'r prynhawn:
Cwmwl yn gywair lleddf a glaw
Yn drallod. Tiwn gron tywydd amser.

Adeg ddi-syrffed, math o nefoedd.
Tir yn dôn a'r môr yn gytgan.
Tiwn gron gwylio amser.

7
Barus

'Rwy eisiau mwy. Beth am siwgr candi
Swigod y dŵr lle mae'r tonnau'n torri?

Mae yfed heli'n codi syched.
Cyn hir, mae 'nannedd yn rhincian ar glogwyni
Sir Benfro. Mae'r rheiny'n anodd (iawn) eu llyncu

Ond, wedyn, tamaid i aros pryd oedd calchfaen
O'i gymharu â hen dywodfaen
Y meysydd glo, du sy'n daffi caled.
Collais ddant yn haen Treorci, cyfogi'r cyfan.

Rwy'n ôl ar yr ynys yn dioddef o'r ddannoedd:
O hyn ymlaen: salad a physgod.'

9
Cwmni

Daeth y dynion i gysuro Brân. Yr ail
Ddrws: siarad.

'… Ond dyna ni, yn y pen draw
Pobol sy'n bwysig,' medd Pryderi
Y llofrudd.

'… Bûm lamhidydd, bûm forfran …'
Felly Daliesin. 'Fachgen,' atebodd Brân,
'Fe smygest ti ormod o wymon.'

'Mae 'nghefn i'n gwynegu,' cwynodd Griddieu
Fab Muriel. Brân: 'Rwyt ti'n lwcus
Fod gennyt ti gorff. Cer o 'ngolwg.'

Manawydan: 'Wyt ti'n meddwl – ?'
Brân: 'Nagw.' 'Was, 'ti'n fyr
Dy dymer!' Gadawodd.

Glifiau Ail Taran: 'Wrth gwrs, bydd dy grefydd
Yn gysur i ti. I anffyddiwr fel fi
Dyw atgyfodiad ddim yn opsiwn.' Brân:
'Diolch yn fawr, ond rwy'n dal yn fyw.'

'Ddaeth Heilyn fab Gwyn ddim i weld y pen
Ond roedd Ynog yn ddigon o ddyn i ddweud dim byd
Ond cadw cwmni, gadael i'r môr
Gymeradwyo pob anadl, pob eiliad.

10
Wylodd yr arwr ddagrau olew
Nes bod y tonnau'n blino'n lân
Ar geisio codi dan eu pwysau'u hunain
Ac, yn hytrach na thorri, lled ochneidio,
Ffrwtian fel cawl ar odre'r tywod.

O'r dyfroedd seimllyd ymgreiniodd sarff
Ar draws y creigiau a gosod ei safn
Wrth glust Bendigeidfran a hisian:

'Rwyt ti'n ffŵl. Rwyt ti'n ffrîc. Rwyt ti'n ffwtbol.
'Chofith neb fyth i ti hyd yn oed fyw.
Arweiniaist dy liaws i ddistryw.

'Rwyt ti'n ddim. Rwyt ti'n waeth – rhyw gartŵn
O berson. Rwyt ti'n falŵn o
Falchder. Rwyt ti'n ffuglen.'

'Mae'n wir', medd y pen, 'ond ar yr un pryd
Fi yw gobaith y cyfan. Mae rhywbeth yn newid.'

13
Ysbyddawd Urddol Ben

Sylfaen pob dinas yw breuddwyd cawr,
Clywch drydar tanddaearol
Y geiriau sy'n ei feddwl

Ac yngan torf dan bendil corff
Ar grocbren ac ail fradwr
Yn hongian eto yn y dŵr.

Ymlaen ganrifoedd – ffair ar iâ
Y Tafwys, brithyll wedi rhewi'n gorn
Ac elyrch ar gyfeiliorn.

Rhyfel nawr a storm
Yn dân o amgylch plentyn,
Dinas yn llosg at ei hesgyrn.

Pont. Yn croesi – stafell ddrud Rolls Royce
Ac oddi tani, fel o oes i oes
Urdd y digartref yn cynnal llys

Bendigeidfran, dinas iaith.
Pennill bach o dir. Golau. Pen.
Llundain. Amser amgen.

Gwyneth Lewis

Llyfr Coch Hergest

Llyfr Coch Hergest

Llawysgrif 111, Coleg Iesu, Rhydychen

Llyfr Coch Hergest

Lyfr Coch Hergest yw'r cyfoethocaf, y rhyfeddaf, y mwyaf a'r olaf o'r llawysgrifau Cymraeg cynnar. Uchafbwynt ydyw, ogof enfawr yn llawn o bob math o lenyddiaeth Gymraeg gynnar, bron, yn rhyddiaith ac yn farddoniaeth. A chawr hefyd, maint dau neu dri gliniadur cyffredin heddiw, wrth ymyl y llawysgrifau eraill a drafodir yn y gyfrol hon. Mae tudalennau'r Llyfr Coch bron dwywaith maint tudalennau Llyfr Du Caerfyrddin, tua 35 cm x 20 cm, ac mae ei drwch bron ugain gwaith yn fwy na thrwch Llyfr Aneirin.

1382 – c.1405

Wedi cyfnod o aflonyddwch mawr ar draws Ewrop yn sgil y Pla Du yn hanner cyntaf y bedwaredd ganrif ar ddeg, roedd trefn newydd yn dechrau sefydlogi erbyn diwedd y ganrif. Gwelid gwreiddiau'r Diwygiad Protestannaidd yn Lloegr yn nysgeidiaeth John Wycliffe, a fu farw yn 1384, ac roedd grym teulu'r Medici, un o brif gynheiliaid y Dadeni maes o law, ar gynnydd yn Fflorens. Yn Lloegr, daeth teyrnasiad Richard II i ben yn sydyn yn 1399 a daeth Harri IV yn frenin yn ei le.

Yng Nghymru, brigodd drwgdeimlad cyffredinol yn erbyn y Saeson i'r wyneb yn sgil diorseddu Richard. Er i nifer o uchelwyr Cymru elwa'n raddol yn sgil y Goncwest yn 1282, roedd niferoedd helaeth ohonynt yn dal wrth y ddelfryd o hunanlywodraeth. Mewn llys yng Nglyndyfrdwy ym mis Medi 1400, cyhoeddodd Owain Glyndŵr ei hun yn Dywysog Cymru, gan arwain gwrthryfel a gafodd ddylanwad pellgyrhaeddol ar Gymru ar hyd y bymthegfed ganrif a thu hwnt. Yn 1403, ac yntau ar anterth ei rwysg, roedd Owain yng Nghaerfyrddin pan alwodd am gyngor hen ŵr a oedd yn arbenigwr ar 'frud', sef canu proffwydol. Enw'r gŵr hwnnw oedd Hopgyn ap Tomas, uchelwr dysgedig iawn o Ynysforgan, ger Abertawe (ger cyffordd 45 yr M4 heddiw).

breu hmed y lacson y dkilim malmeson
ac y heuri houtedon. yr rei hynny yd
archaf i dein. A breuhined y brytanyeit
kauyt yttyb grantunt y llyfyr brotou
houn. yr honn a ymchoeles Gwallter
archidagon ryt ychen obrytauec yg
kymraec. yr honn ystyd gynulledic
yndar oc eu hystoryaeu vy yn eury
oed yr rat dytkededigyon tykyssogyon
hynny. Ar yked honn yprydereie in
beu yymchoelut ef ㄲ RADI

Brut y Tynys=
ogion. A.D. 1788

Ettwar ugeint mlyned a dibe
chant oed oet crist. pan bu y
uarvolyaeth uawr drby holl
puys prydein. Ac oderbreu byt hyt y
na ydoed blwydyn eisseu opethwar uge
int mlyned ac oyth cant aphum uil.
Ac yny blwydyn honno ybu uarw kadw
aladyr uendigeit uab kadwallaun uab
catuan breuhin y brytanyeit yn ruffein
ydeudecuet dyd o vei. megys y proffu
ydallei vyrdin kyn nollyuny vrth vrth
eru gwytheneu. Ac obynuu allan y

oet crist yua
y llaeth ar emen
aymchoelawd yn
cant mlyned oet
rv elffryt breuh
ned. aseithcant
varb pwm bwya
de yua kynolei
de yua y bu uarw
son. de y kyllogr
hagel. Ugrom u
oet crist. pan bu
y bu uarw beli u
dyr beilin ygkei
maelave. achat
de yny teir broyd
brytanyeit. Des
aseith cant oed c
dyr ym mynyd c
ned aseith cant
varb beda offeir
oikeiu breuhin
adeugeint aseith
pan bu y bwydy
picteit yg gwen
lladawd y brytu
hin ypicteit. de
uab veli. de y bu
ybrytanyeit. ac
sou. Trugein ul
ed oet crist pan

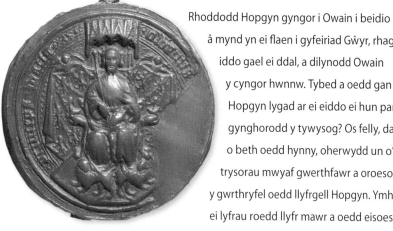

Sêl Owain Glyndŵr

Rhoddodd Hopgyn gyngor i Owain i beidio â mynd yn ei flaen i gyfeiriad Gŵyr, rhag iddo gael ei ddal, a dilynodd Owain y cyngor hwnnw. Tybed a oedd gan Hopgyn lygad ar ei eiddo ei hun pan gynghorodd y tywysog? Os felly, da o beth oedd hynny, oherwydd un o'r trysorau mwyaf gwerthfawr a oroesodd y gwrthryfel oedd llyfrgell Hopgyn. Ymhlith ei lyfrau roedd llyfr mawr a oedd eisoes wedi ei gwblhau, mae'n debyg, erbyn 1403 – Llyfr Coch Hergest.

Ac yntau'n hen ŵr yn 1403, nid yw'n syndod, efallai, fod blas ceidwadol ar gynnwys y Llyfr Coch. Roedd y beirdd wedi bod wrthi'n canu cywyddau ers yn agos i ganrif gyfan – cywyddau serch Dafydd ap Gwilym a chywyddau mawl Iolo Goch i Owain ei hun – ac eto dim ond un cywydd unig sydd yn y Llyfr Coch. Os nad oedd gan Hopgyn ar un adeg gasgliad o gywyddau mewn llawysgrif goll, rhaid casglu ei fod wedi gorchymyn i'w gopïwyr gofnodi awdlau yn yr hen ddull, naill ai am ei fod am greu casgliad hanesyddol, neu'n syml am mai'r cerddi hynny'n unig a oedd at ei ddant.

Pwy oedd y copïwyr hynny? Roedd saith ohonynt wrthi, ac yn eu plith mae tair prif law yn sefyll ar wahân i'r lleill. Rhuddellodd pob un o'r tair llaw hyn ei waith ei hun – hynny yw, addurno prif lythrennau eu testunau – ond mae'n eglur nad oedd yr un ohonynt yn arbenigwr ar y gwaith hwnnw. Copïwyr proffesiynol oeddynt yn anad dim.

Llaw A sydd â'r llawysgrifen fwyaf disgybledig a chyson, a thestunau rhyddiaith hir yn unig a gopïodd. Yna daeth llaw B, sef Hywel Fychan ap Hywel Goch o Fuellt. O'r holl gopïwyr a fu wrthi'n ysgrifennu yn y llawysgrifau cynnar, ef yw'r unig un y gellir

Llyfr Coch Hergest, Llawysgrif 111,
Coleg Iesu, Rhydychen, ffolio 193v

ei enwi. Roedd yn gopïydd toreithiog iawn, ac fe gynhyrchodd o leiaf un llawysgrif arall
ar gais Hopgyn ap Tomas. Ceir yn ei law destunau o 'Ystoria Dared' (lle'r olrheinir rhai o
genhedloedd Prydain yn ôl i Droea), 'Brut y Brenhinedd', chwedlau'r Greal Sanctaidd,
cyfraith Gymreig a nifer fawr o destunau crefyddol. Bu'n bodio hefyd ddalennau
Llyfr Gwyn Rhydderch, lle llenwodd rai bylchau yn chwedl 'Culhwch ac Olwen'.

Mae'n bosib mai Hywel Fychan oedd golygydd y Llyfr Coch. Ef yn sicr yw'r ysbryd
creadigol wrth galon y llyfr, ac efallai iddo wneud cywiriadau yma a thraw yn nhestun
llaw A. Ond er ei fod yn gopïydd o fri, nid oedd yn arbennig o gyson. Mae'r amrywiaeth
yn safon ei lawysgrifen yn dadlennu rhywfaint o'i bersonoliaeth. Yr awgrym cryf yw
fod anferthedd y dasg o lunio'r llyfr wedi achosi iddo golli diddordeb yn ei waith
o dro i dro. Da o beth yw gwybod bod diflastod wrth dasg hirfaith, hyd yn oed i
arbenigwr proffesiynol, yn rhwym o ddigwydd yn yr Oesoedd Canol fel heddiw!

Roedd llaw A a Hywel Fychan yn hoff o addurno'u testunau rhyddiaith drwy ymestyn
rhannau o lythrennau ar frig y ddalen, a chreu ohonynt luniau wynebau, pysgod ac
adar. Roeddynt yn hoff hefyd o dynnu lluniau dyfeisgar mewn inc coch o anifeiliaid ac
angenfilod ar waelod rhai tudalennau. Roedd Hywel Fychan yn well arluniwr na'r llall,

Llyfr Coch Hergest, Llawysgrif 111,
Coleg Iesu, Rhydychen, ffolio 88v

ac ef yn unig a ddefnyddiodd inc gwyrddlas, yn ogystal â choch, wrth gopïo rhai testunau. Y tebyg yw fod y ddau wedi cydweithio rhywfaint, ond mae'n debygol mai llaw A a ddechreuodd y gwaith, gan gopïo testunau rhyddiaith hirfaith, cyn i Hywel Fychan lywio'r gweddill drwy gopïo'r testunau llai a'r holl farddoniaeth.

Fel Hywel Fychan, gallai llaw C fod yn anghyson, ac mae'n debyg mai olynydd ydoedd i Hywel, yn hytrach na chyd-weithiwr. Roedd, serch hynny, yn gopïydd profiadol a gofnododd mewn llawysgrifau eraill fersiwn o gyfraith Hywel Dda, 'Brut y Tywysogion' a nifer fawr o destunau crefyddol.

Wedi i'r gwaith copïo gael ei gwblhau, mae'n debyg fod y llyfr wedi ei gau rhwng cloriau derw a chroen gwyn amdanynt, a'r croen hwnnw wedi ei staenio'n goch.

Tri chaspeth gwilim hir saer hopkyn ap thomas: efferen sul a dadlau a marchnat. A chas gantaw heuyt tauarneu a cherdeu a chreireu. Tri dyn yssyd gas gantaw, effeirat a phrydyd a chlerwr. (Llyfr Coch Hergest, ffolio 147r)

Cofnodwyd y triawdau cyfoes a gogleisiol hyn (a welir isod) yn y Llyfr Coch ar ddiwedd rhestr o 'Drioedd Ynys Prydain' – er mor amhrisiadwy yw cyfraniad y Llyfr Coch i ddiwylliant y genedl, mae'n amlwg nad oedd yn dda gan bawb ar aelwyd Hopgyn ap Tomas lenyddiaeth ei ddydd!

Mae'r Llyfr Coch yn cynnwys:

- 40 o destunau rhyddiaith a gwaith tua 50 o feirdd;
- 724 o dudalennau;
- dros 30,000 o linellau o ryddiaith a barddoniaeth.

Er mor fawr ac uchelgeisiol yw'r Llyfr Coch, mae'n llawer llai trefnus na Llawysgrif Hendregadredd a Llyfr Gwyn Rhydderch, dau lyfr arall tebyg o ran eu cynnwys. Copïwyd y testunau rhyddiaith yn gyntaf, yna ychydig o hengerdd a cherddi Beirdd y Tywysogion cyn troi at waith beirdd diweddar, ond ni ellir dod o hyd i gynllun pellach oddi fewn i'r adrannau cyffredinol hynny.

Bron nad yw'r Llyfr Coch yn llyfrgell rhwng dau glawr, gan mor amrywiol yw'r testunau sydd ynddo. Yn ogystal â 'Pedair Cainc y Mabinogi' a'r holl chwedlau eraill, yn cynnwys yr unig gopi cyflawn o chwedl 'Culhwch ac Olwen', ceir triawd o destunau hir yn ymwneud â hanes Cymru o'r cyfnod cyn-Rufeinig hyd 1382 – 'Ystoria Dared', 'Brut y Brenhinedd' a 'Brut y Tywysogion'. Mae llawer o'r testunau eraill – rhai'n ymwneud â rhamantiaeth glasurol, doethineb a daearyddiaeth – i'w cael yn Llyfr Gwyn Rhydderch hefyd, fel 'Ystoria Bown o Hamptwn', 'Trioedd Ynys Prydain' a 'Delw y Byd'. Testun arall a fu, un tro, yn y ddau lyfr hyn yw 'Canu Llywarch Hen' a 'Chanu Heledd'. Mae nifer o gerddi Beirdd y Tywysogion a welir yn y Llyfr Coch i'w cael hefyd yn Llawysgrif Hendregadredd.

Ond ceir nifer o destunau hynod eraill hefyd nas ceir yn y llawysgrifau eraill, fel y copi cynharaf o awdl farwnad Gruffudd ab yr Ynad Coch i Lywelyn ap Gruffudd. Y mwyaf nodedig, efallai, yw'r unig destun o 'Freuddwyd Rhonabwy', chwedl Arthuraidd sydd bellach yn rhan o'r Mabinogion ond sydd, yn wahanol i'r chwedlau eraill, wedi ei lleoli yn ystod teyrnasiad tywysog brodorol – Madog ap Maredudd o Bowys. Mae testunau eraill yn ymwneud â Meddygon Myddfai, teulu o feddygon a wasanaethai Rys Gryg, Arglwydd Dinefwr yn y drydedd ganrif ar ddeg. Mae'r testunau hyn yn rhoi cyfarwyddiadau ar gyfer pob math o agweddau ar feddygaeth, o ddiagnosis i driniaeth lawfeddygol. Ceir hefyd gopi cynnar o 'Ramadeg y Penceirddiaid', canllaw diddorol ynghylch llythrennau'r iaith a'i chystrawen, mesurau amrywiol, beiau gwaharddedig a'r hyn y dylai bardd ei wneud wrth foli ei noddwr.

Agwedd werthfawr arall ar y Llyfr Coch yw'r ffaith iddo ddiogelu pum awdl i Hopgyn ap Tomas ac un awdl i'w fab, Tomas ap Hopgyn. Roedd y chwe cherdd gyda'r pethau olaf i gael eu copïo yn y Llyfr Coch, ymgais yn hwyr yn y dydd, efallai, i gofnodi'r mawl i noddwr y llyfr ochr yn ochr â thrysorau'r gorffennol. Roedd Hopgyn ei hun, ym marn Dafydd y Coed, yn 'ystor' (trysor) i'r beirdd:

> Nid byw llyw beilchryw bylchron – dihepgor
> Mal da Hopgyn ddragon;
> Ef yw ystor cerddorion
> O fôr Morgannwg i Fôn.

Llyfr Coch Hergest,
Llawysgrif 111, Coleg Iesu,
Rhydychen, ffolio 345r

Dal i Fusnesa

Pan es i gynta' i goleg Aberystwyth, mi gefais anrheg gan gyfaill i'r teulu, y diweddar Richard Herbert, Cricieth, sef atgynhyrchiad J. Gwenogvryn Evans o farddoniaeth Llyfr Coch Hergest (1911) wedi ei rwymo'n hardd iawn ac ymyl aur i'r tudalennau. Wedi imi raddio, gwahoddwyd fi i wneud gradd ymchwil ar y pwnc cyffrous 'Y Beiau Gwaharddedig'. Ond gofynnais am gael mynd i'r afael â'r corff mawr o ganu dychan a maswedd roeddwn i wedi ei ddarganfod yn fy nghopi hardd i o'r Llyfr Coch; roedd o heb ei olygu yr adeg honno. Rhybuddiwyd fi y gallai hynny wneud 'niwed parhaol i'm henaid', ond cychwynnais ar y gwaith o dan oruchwyliaeth Dr Marged Haycock. Buan iawn y'm hudwyd ymaith gan y Sgwarnogod, ac mae'r cerddi i gyd wedi eu golygu bellach gan ysgolheigion go iawn yng Nghyfres Beirdd yr Uchelwyr (daw pob dyfyniad yn yr ysgrif hon o gyfrolau'r gyfres). Ond rwy'n dal i fusnesa hyd heddiw fel Miss Marple, a'm diddordeb ydi hen eiriau tywyll. Dyma ichi rai:

Ffrôr â o'th garnor yn ffrau …

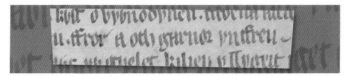

Digwydd y llinell hon mewn cyfres o englynion cellweirus gan Fadog Dwygraig i dwyllwr ystumddrwg o gardotyn. Mae Madog yn cyfarch y dihiryn fel *Mab y gof* ('prentis gof', efallai, yr un fath ag yn y Gernyweg), gan roi ar ddeall inni yn syth fod gan y dyn alwedigaeth. Mae'r gair *clawr*, sef 'un gwahanglwyfus', yn codi ddwywaith yn y gerdd. Y tro cyntaf gyda'r ansoddair *dof* – gydag ergyd debyg, efallai, i'r ymadrodd 'dafad ddof' (*'benign'*) – a'r ail dro gyda'r ansoddair *call. F'annwyl! Ni pharchaf innau / Wrthyd y twyll glefyd tau*, meddai Madog hefyd.

Dyma'r unig enghraifft o'r gair rhyfedd *ffrôr* ar glawr. Mae J. Lloyd-Jones yn *Geirfa Barddoniaeth Gynnar Gymraeg* yn cynnig yr ystyr 'crawn, gôr', oherwydd y cyd-destun, mae'n debyg. Ond mae'r gair *fro* yn bod yn Llydaweg. Ei ystyr ydi 'gwin newydd', *'must'*. Mi fyddai rhoi hwnnw i redeg yn *ffrau* hyd y corff fel gwaed dyfrllyd yn bownd dduw o greu argraff ar y gynulleidfa.

Sut yr aeth *ffro* yn *ffrôr* yn y llawysgrif? Dylanwad yr *-or* yn *garnor* ar glust neu ar lygad y copïwr; efallai ei fod yn disgwyl cynghanedd sain yn lle traws fantach.

newyddal fwriwrch …

Ymadrodd yw hwn mewn cerdd ddienw i ryw Einion.

Nid *newydd + dal* sydd yma (*daly* oedd ffurf y gair *dal* yn y cyfnod hwn), ond *newydd + (h)âl*, o *(h)alu* 'bwrw (epil)'. Ceir yr union ffurf yn Llydaweg: *'nevez-(h)al'*, 'newydd fwrw'; 'newydd ei fwrw'.

Gwersyll briw fara, gwers ters, tors rhefra …

Ceir y llinell hon mewn cerdd ddienw arall i glerwr o'r enw Bleddyn.

Mae J. Lloyd-Jones yn cynnig yn betrus mai o'r Lladin 'tersus' y daw *ters*, fel y Saesneg 'terse'. Ansoddair o'r ferf 'tergere' 'glanhau, caboli' ydi hwnnw. Ond cyn cynnig ystyr debyg i 'glân' ar sail hyn i gyd, beth am holi Llydawr? Ystyr *ters* yn Llydaweg ydi 'boch tin'! Mae yna enw teuluol 'Tersek' hefyd: 'Mr Ffolennog'!

Yn yr un gerdd, mae'r geiriau hyn (yn orgraff y llawysgrif):

… gwahaneint **sein ladyr** …

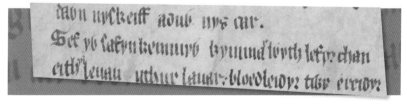

Digwydd y gair *lladr* mewn man arall hefyd yn y Llyfr Coch, ac mae *Geiriadur Prifysgol Cymru* yn awgrymu efallai mai bôn y gair 'lladron' yw hwnnw, ac yn cynnig yr ystyr: 'lladrad neu eiddo lladrad'. Ar sail hyn, cynigir 'lladronllyd ei sŵn' yn aralleiriad o *sein ladyr*. Ond mae cliw â chyrn a chlychau arno yn *gwahan(h)aint*! Pwy ydi sant y gwahangleifion? Lazarus (Luc xvi: 20). Rhoes *'Lazarus'* y ffurf *'lazre'* mewn Ffrangeg Canol. Ond roedd gair arall tebyg iawn, sef *'ladre'* o'r Lladin *'latro'* ('lleidr'), ac mi aeth hwnnw i olygu 'un â'r gwahanglwyf' hefyd. Byddai *'ladre'* yn rhoi *ladr* i ni.

… gwahanaint **Sain Ladr** …

sy'n iawn, yn fy marn i. Mae'r ffurf *Sain* am 'Sant' ynghyd ag enw yn gyffredin iawn. A sut na welodd J. Lloyd-Jones mo'r pethau hyn, sa' i'n ffagan gwybod! Gyda llaw, yng Nghwm Cynllwyd ym Meirionnydd, heb fod yn bell o Ryd-yr-abad, a safle hen eglwys, mae lle o'r enw Coed Ladyr.

Sef yw safn kemmyw kymmar **lwyth lefyrchan** …

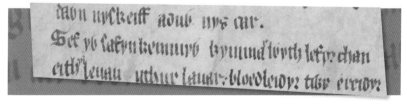

Mewn awdl ddychan gan Gasnodyn i Drahaearn Brydydd Mawr, mae'r geiriau rhyfedd yma (yn orgraff y llawysgrif).

Dim ond un enghraifft arall sydd, ac yn y Llyfr Coch mae honno hefyd, mewn cerdd ddychan o waith Trahaearn i ryw Gadwgan Ficer (yn orgraff y llawysgrif eto):

… cartfarch **lwyth levyrchan** …

Cynigir diwygio *levyrchan* Trahaearn i *lewyrchan'*, sef trydydd person lluosog 'llewyrchu', ond dyna dywyllu mwy fyth ar yr achos! Am *lefyrchan* Casnodyn, dywedir 'Efallai mai rhyw fath o fwystfil neu greadur anhyfryd a olygir'.

Dywedwch 'LEFRCHAN' yn uchel. Onid oes rhyw dinc *Wyddeleg* iddo? Holwch Wyddel dysgedig (neu Dr Jerry Hunter) a chewch wybod bod hogan o negesydd yn chwedloniaeth Iwerddon o'r enw Leborcham ('hir a cham'). Yn ôl un disgrifiad, 'roedd ei dau droed a'i dau ben-glin y tu ôl iddi, a'i dwy forddwyd a'i dwy sawdl o'i blaen. Byddai hon yn teithio drwy Iwerddon mewn diwrnod.' Y camedd sydd gan Casnodyn; ystyr *cemyw* yn y llinell ydi 'eog gwryw', o'r gair 'cam', am fod ceg y pysgodyn fel bach. Cyfeirio at y teithio mae *cartfarch* Trahaearn.

Beth am *lwyth* wedyn, sydd yn digwydd yn y ddwy enghraifft? Nid 'llwyth' ydyw – does dim rheswm amlwg dros dreiglo. Yn yr hen chwedl '*Oidheadh Chloinne Tuireann*' ('Tynged Plant Tuireann'), crybwyllir y negesydd Leborcham ddwywaith, a hynny fel 'Luath Leborcham'. Pa bryd yr aeth 'th' yn fud mewn Gwyddeleg? Rhaid bod y Cymry wedi clywed yr enw cyn hynny.

Sef yw, safn cemyw, cymar **Lwyth Lefrchan** …

sy'n iawn!

Llyfr Coch Hergest, Llawysgrif 111,
Coleg Iesu, Rhydychen, ffolio 217v

Llyfryddiaeth

Costigan, N. G., Daniel, I. a Johnston, D. (goln.), *Gwaith Gruffudd ap Dafydd ap Tudur,*
Gwilym Ddu o Arfon, Trahaearn Brydydd Mawr ac Iorwerth Beli (Aberystwyth, 1995)
Daniel, I. (gol.), *Gwaith Casnodyn* (Aberystwyth, 1999)
Edwards, H. M. (gol.), *Gwaith Prydydd Breuan, Rhys ap Dafydd ab Einion, Hywel Ystorm,*
a Cherddi Dychan Eraill o Lyfr Coch Hergest (Aberystwyth, 2000)
— (gol.), *Gwaith Madog Dwygraig* (Aberystwyth, 2006)

Trydar Duw i Gynddelw Brydydd Mawr

Mae gagendor cronolegol ac ieithyddol rhyngom a'r Gogynfeirdd. Ac eto, wrth ddarllen bardd 'anodd' fel Cynddelw Brydydd Mawr (a oedd yn ei flodau *c*.1155–*c*.1195) – yr oedd ei gerddi yn sialens, mae'n debyg, hyd yn oed i'w gynulleidfa wreiddiol – caiff amser ei blygu a'i gywasgu mewn ffyrdd rhyfedd. Cymerwch y gair 'trydar' yn y gerdd 'Canu i Dduw', a geir yn Llyfr Coch Hergest:

> Treul trydar a'm car, na'm cassa …

'[Ti,] Ddilëwr cynnwrf sydd yn fy ngharu, paid [Ti] â'm casáu' yw cyfieithiad Nerys Ann Jones ac Ann Parry Owen. Gair trydanol yw 'trydar': 'sŵn prysurdeb, cythrwfl, cynnwrf, gwrthdrawiad, brwydr, ymrafael, gwrthdaro' (yn ôl yr Eirfa yn y golygiad safonol). Amhosibl i mi oedd darllen y llinell heb ymglywed ag ystyr *newydd* 'trydar', heb fyfyrio ar y cyferbyniad rhwng offrwm barddol maith a dwys Cynddelw i Dduw ar y naill law, ac ar y llall, y ffurf fer, fyrfyfyr o gyfathrebu (a barddoni, yn dilyn esiampl Llion Jones yn *Trydar mewn Trawiadau*) yr ydym ni bellach yn ei harfer. Dechreua'r gair 'trydar' yng ngherdd Cynddelw drydar yn eironig.

Rhaid oedd peri i Dduw chwaraeus ateb Cynddelw mewn cant a deugain o nodau cyfrifiadurol …

'Canu i Dduw', Llyfr Coch Hergest, Llawysgrif 111, Coleg Iesu, Rhydychen, ffolio 293r

Trydar Duw i Gynddelw Brydydd Mawr

(wedi Iddo glywed cerdd 224-llinell y bardd, 'Canu i Dduw')

1.
Gad dy drwst, Gynddelw –
dy gad geiriau. Clyw 'nhrydar

ddyn – diwastraff, gwisgi –
democrataidd, diberiffrasis.

Delfryd cant a deugain! – dallt?

2.
Wyf dduw sy'n hoff o'r epigram –
Nêr slic, Rhi trydan

y tonfeddi uwch dy glyw.
Vardd – wyt vab afradlon;

bydd gryno – bydd gybydd geiriau, was.

3.
Cadwa hirwynt gweniaith
i mei-lord Madawg ap –

Fi yw Naf ap Neb, eurwalch
y feicroweddi. Trydar, Brydydd;

bydd heini; hael, achan, dy hashtag.

Damian Walford Davies

Pengwern

Mae cof cenedl yn gof gwahanol iawn i gof unigolyn. Er bod cof person yn gymhleth, a'r gwyddonwyr heb fedru deall yn llwyr sut mae'r ymennydd yn gweithio, mae cof cenedl yn gallu bod yn fwy cymhleth fyth. Mae'n dibynnu ar enwau, ar iaith, ar hanes, ar lefydd ac ar dirwedd.

Mae'r englyn hwn yn cyfeirio at hanes a geir yn Llyfr Coch Hergest, ac yn benodol at yr englynion gan awdur anhysbys o'r nawfed ganrif a ddarluniodd y frwydr barhaus a ddigwyddai yn yr hen Bowys rhwng y Cymry a gwŷr Mersia. Er na allwn erbyn hyn fod yn gwbl sicr o union leoliad Pengwern, sef llys Cynddylan, brawd Heledd, y gred gyffredinol yw mai yng nghyffiniau Croesoswallt a'r Amwythig y digwyddodd y brwydro, ac mae'r cyfeiriad at Eglwysau Basa (Baschurch) yng Nghanu Heledd fel man claddu Cynddylan yn atgyfnerthu hyn.

Mae marwolaeth unrhyw berson yn ennyn tristwch, ond tra bo'r cof amdanyn nhw'n dal yn fyw, mae rhan bwysig o'r unigolion hynny yn dal yn fyw heddiw. Gall fod yn gof personol, ond fel gydag unrhyw berson a fu farw dros ganrif yn ôl, mae'r cof yn newid o fod yn gof person i fod yn gof cenedl.

Ein cyfrifoldeb ni fel cenedl ydi sicrhau bod yr hanes yn dal yn fyw, ac nad enw ar ddudalen yn y Llyfr Coch yn unig fydd Heledd. Mae'n bosib na ddown fyth i wybod lle yn union mae Pengwern, a'r Dref Wen yn y dyffryn, ond fel Afallon y Brenin Arthur, maen nhw'n llefydd allweddol yng ngwead y genedl, ac yn deffro awydd i sicrhau nad ein cenhedlaeth ni fydd yr olaf i ddweud yr hanes amdanyn nhw.

Pengwern

Er i'w byd oeri i ben, tra bo cof,
    Tra bo cerdd i'w darllen,
    Daw Heledd o'r dudalen
    Adre i fyw'n y Dref Wen.

Tudur Dylan Jones

'Mwy no thân mewn eithinen ...'

Gan fod Llyfr Coch Hergest yn cael ei ddisgrifio'n aml fel 'llyfrgell' ynddo'i hun, efallai ei fod yn syndod mai dim ond un cywydd sydd ynddo. Cywydd o waith Iolo Goch yw hwnnw, ac yn y cywydd mae Iolo'n mynd ati'n systematig i ddisgrifio'r ferch ddelfrydol, a hynny'n llythrennol o'i chorun i'w sawdl. Mae o'n gywydd cwbl draddodiadol ac addurnedig iawn sy'n llawn cyfansoddeiriau a chynganeddion cymhleth, a dyna'r rheswm, mae'n debyg, pam y cafodd ei gynnwys yn y Llyfr Coch gyda gweithiau astrus Beirdd y Tywysogion.

Mae rhai ysgolheigion wedi dadlau mai cerdd i leian ydi'r cywydd hwn. Yn sicr, fel y noda golygydd y gerdd, Dafydd Johnston, mae Iolo am inni gredu mai merch go iawn yw gwrthrych y cywydd. Gan ddechrau â'i gwallt, aiff Iolo rhagddo i ddisgrifio talcen, llygaid, trwyn, gruddiau, gwefusau, gwddf, mynwes, dwylo, ystlysau, coesau, pigyrnau a thraed y ferch, gan ei chymharu â merched chwedlonol eraill fel Esyllt ac Eigr, sef mam y Brenin Arthur. 'Pwy a allai, pei pensaer, / Peintio â chalch pwynt fy chwaer?' hola'r bardd. Ond, erbyn diwedd y cywydd, daw gwir ddyhead Iolo i'r amlwg wrth iddo ddifaru rhoi ei fryd ar y ferch, gan raddol sylweddoli na chaiff fyth 'gytgwsg' â'r ferch er gwaethaf holl eiriau ei serch iddi.

Mewn ymateb i'r cywydd hwn, dychmygais beth fyddai wedi digwydd petai Iolo wedi cael ei ddymuniad, a sut, ar ôl holl weniaith y farddoniaeth, y byddai'r serch wedi graddol droi'n ddadrith wrth i Iolo sylweddoli nad oedd y ferch yn berffaith wedi'r cwbl, a deall bod mwy i gariad na chwant. Fel y dywedodd rhyw fardd anhysbys rywbryd:

> Mi wn am ferch yn Sir Forgannwg,
> Yn deg ei thwf, yn hardd ei golwg,
> A gwallt modrwyog, bronnau gwynion,
> A düwch uffern yn ei chalon.

Felly hefyd ryw fardd arall anhysbys:

> Nid oedd goel yn d'addaw, Gwen,
> Mwy no thân mewn eithinen.

Edifeirwch Iolo a geir yn y gerdd, felly, ac yntau'n ymbil ar y ferch i faddau iddo am ffoli arni mor ynfyd. Ond eto, er eu bod ar wahân, fe ŵyr yn ei galon y bydd dolen eu serch yn parhau, a'r un noson honno'n fyw o hyd yn y cof wedyn.

Cywydd Iolo Goch yn Llyfr Coch Hergest, Llawysgrif 111, Coleg Iesu, Rhydychen, ffolio 353r

'Mwy no thân mewn eithinen ...'

Maddau, Gwen, faint fy ngweniaith,
maddau im wehyddu iaith
yn dynn, dynn o'th gwmpas di,
maddau im orfod meddwi
ar win fy ngeiriau o hyd
a phrofi'r cyffur hefyd;
maddau mor fas fy nhraserch,
maddau gusanau fy serch
yng ngodre'r sêr; maddau siom
yr un nos a ranasom.

Roedd golau holl sylltau'r sêr
yn gudynnog o dyner
yn dy wallt, a'th lygaid di'n
dawel fel lleuad ewin.
Yfais o gawg dy wefus
gan brofi holl lesni'r llus;
ffoli'n llwyr ar dy ddwyrudd,
troi'n geiban ar gusan gudd
wrth hel mwyar ola'r haf
o'u rhigolau dirgelaf.

Profais win dy gyfrinach
nes aeth hud y funud fach
yn oer, a'n diodydd ni'n
gynrhonog gan hen rawnwin
afiach, a chyfeddach fwyn
yr hen win yn troi'n wenwyn.
Ie, maddau imi waddod
y rhyfyg a fu, gan fod
i wynfyd serch ofid sy'n
ei wneud yn uffern wedyn.

Fe ddaw'r heulwen drwy'r llenni'n
siswrn drwy ein neithiwr ni;
rwyf yn oer; wyf un na wêl
y wawr sy'n goch ar orwel;
y gorwel lle daw'n geiriau
ynghyd i wahanu dau.
Nid yw haul diwrnod o haf
yn malio, ac mi welaf
waddod cyfamod a fu
yn nhawelwch dy wely.

Maddau, Gwen, fy nghân heno,
maddau'r serch a maddau'r siom.
Tafla f'awen, Gwen, dros go',
maddau bob gair o'm heiddo.
Er mor ffôl yw bodoli
os na chaf fod hefo ti,
mi wn, er bod undod dau
yn oer, fe fydd 'na eiriau
rhyngom tra pery'r angen
am eiliad o'th gariad, Gwen.

Gruffudd Antur

Llyfryddiaeth

Mae delweddau o safon uchel o holl gynnwys Llyfr Du Caerfyrddin, Llyfr Aneirin, Llawysgrif Hendregadredd, Llyfr Taliesin a llawysgrif Peniarth 4 (ail ran Llyfr Gwyn Rhydderch) i'w gweld ar wefan Llyfrgell Genedlaethol Cymru, www.llgc.org.uk.

Yn yr un modd, mae Llyfr Coch Hergest i'w weld yn gyfan yng nghasgliad llawysgrifau cynnar Coleg Iesu ar wefan Prifysgol Rhydychen: www.image.ox.ac.uk.

Llyfryddiaeth ddethol a roddir isod, sef y prif ffynonellau a ddefnyddiwyd wrth lunio rhannau cefndirol y gyfrol hon.

Daniel, Iestyn (gol.), *Gwaith Ieuan ap Rhydderch* (Aberystwyth, 2003)

Haycock, Marged, 'Llyfr Taliesin', *Cylchgrawn Llyfrgell Genedlaethol Cymru*, 25 (1987–8), 357–86

— (gol.), *Blodeugerdd Barddas o Ganu Crefyddol Cynnar* (Abertawe, 1994)

— (ed.), *Legendary Poems from the Book of Taliesin* (Aberystwyth, 2007)

— (ed.), *Prophecies from the Book of Taliesin* (Aberystwyth, 2013)

Huws, Daniel, (gol.), *Llyfr Aneirin: Ffacsimile* (Aberystwyth, 1989)

— *Medieval Welsh Manuscripts* (Caerdydd, 2000)

— 'Llyfr Coch Hergest', Iestyn Daniel *et al.* (goln.), *Cyfoeth y Testun: Ysgrifau ar Lenyddiaeth Gymraeg yr Oesoedd Canol* (Caerdydd, 2003), 1–30

— *Repertory of Welsh Manuscripts* (i'w gyhoeddi)

James, Christine, ' "Llwyr Wybodau, Llên a Llyfrau": Hopcyn ap Tomas a'r Traddodiad Llenyddol Cymraeg', Hywel Teifi Edwards (gol.), *Cyfres y Cymoedd: Cwm Tawe* (Llandysul, 1993), 4–44

Jarman, A. O. H. (gol.), *Llyfr Du Caerfyrddin* (Caerdydd, 1982)

Koch, John T. (ed.), *The Gododdin of Aneirin* (Cardiff, 1997)

— *Celtic Culture: A Historical Encyclopedia* (Oxford, 2006)

Parry Owen, Ann ac Evans, Dylan Foster (goln.), *Gwaith Llywelyn Brydydd Hoddnant, Dafydd ap Gwilym, Hillyn ac Eraill* (Aberystwyth, 1996)

Roberts, Brynley F. ac Owen, Morfydd E. (goln.), *Beirdd a Thywysogion: Barddoniaeth Llys yng Nghymru, Iwerddon a'r Alban* (Caerdydd, 1996)

Skene, W. F., *The Four Ancient Books of Wales* (Edinburgh, 1868)

Williams, Ifor (gol.), *Pedeir Keinc y Mabinogi* (Caerdydd, 1930)

— (gol.), *Canu Aneirin* (ail argraffiad, Caerdydd, 1961)

— (gol.), *Canu Taliesin* (adargraffiad, Caerdydd, 1977)

Cydnabyddiaethau Cerddi

'cerdd ddarogan', Christine James:
rhwng y llinellau (Cyhoeddiadau
Barddas, 2013)
'Pa Ŵr yw'r Porthor?', Eurig Salisbury:
Llyfr Glas Eurig (Cyhoeddiadau
Barddas, 2008)
'Gloywgan', Gwyn Thomas: *Ysgyrion Gwaed*
(Gwasg Gee, 1967)
'Taliesin', Emyr Lewis: *Chwarae Mig*
(Cyhoeddiadau Barddas, 1995)
'Ynys' (detholiad), Gwyneth Lewis:
*Cyfansoddiadau a Beirniadaethau
Eisteddfod Genedlaethol Cymru Bro
Morgannwg, 2012* (Llys yr Eisteddfod, 2012)

Cydnabyddiaethau Llawysgrifau

Llyfr Du Caerfyrddin: Llawysgrif Peniarth 1
©Llyfrgell Genedlaethol Cymru: ffolios 4r,
18r, 24r, 29v, 49r, 47v, 53v
Llyfr Aneirin: Llawysgrif Caerdydd 2.81
©Llyfrgell Ganolog Caerdydd: tt.1, 3, 7, 8, 9,
22, 23, 30
Llawysgrif Hendregadredd: Llawysgrif LlGC
6680B ©Llyfrgell Genedlaethol Cymru:
ffolios 3r, 4r, 14v, 27r, 36r, 125r
Llyfr Taliesin: Llawysgrif Peniarth 2
©Llyfrgell Genedlaethol Cymru: ffolios V,
6r, 11r, 27r, 28v, 32r
Llyfr Gwyn Rhydderch: Llawysgrif Peniarth 4
©Llyfrgell Genedlaethol Cymru: ffolios 1r,
9v, 10r, 15r, 15v, 16r, 21r, 29r
Llyfr Coch Hergest: MS. 111 ©Jesus College,
Oxford: ffolios 58r, 88v, 134v, 147r, 193v,
217v, 269v, 260r, 293r, 317r, 334v, 336r,
339r, 345r, 353r

Llawysgrifau eraill

Edward II (c.1307–27) ©The British Library
Board, Royal 20 A II f10
Liber B, John Davies o Fallwyd:
Llawysgrif LlGC 4973B, ffolio 48v
©Llyfrgell Genedlaethol Cymru

Llawysgrif LlGC 4973B, ffolio 48v
©Llyfrgell Genedlaethol Cymru
Llawysgrif Offeren Sherbrooke:
Sherbrooke Missal, LlGC 15536E, ffolio 11v
©Llyfrgell Genedlaethol Cymru
Llawysgrif Peniarth 20: tudalen 314
©Llyfrgell Genedlaethol Cymru
Llawysgrif Peniarth 225: tudalen 160
©Llyfrgell Genedlaethol Cymru
Omne Bonum ©The British Library Board,
Royal 6 E VI f301

Cydnabyddiaethau Lluniau

Dante, Andrea Del Castagno
©Summerfield Press / CORBIS
*Hendregadredd, Co. Carnarvon, The Seat of
Major Walker*, Stannard & Dixon: Casgliad
Tirlun Cymru, ©Llyfrgell Genedlaethol Cymru
Parcrhydderch, Llangeitho, c.1885, Casgliad
John Thomas ©Llyfrgell Genedlaethol Cymru
Saint Thomas Aquinas, Carlo Crivelli
©The National Gallery, London
Sêl Owain Glyndŵr ©Amgueddfa
Genedlaethol Cymru
West Front, Strata Florida Abbey, 1888,
Worthington George Smith: Casgliad Tirlun
Cymru ©Llyfrgell Genedlaethol Cymru
William Forbes Skene (1809–92):
Casgliad Cambrian Archaeological
Association; XI Miscellanea,
Llyfrgell Genedlaethol Cymru
©Cymdeithas Hynafiaethau Cymru

Cydnabyddiaethau lluniau'r clawr

Clawr blaen: Llyfr Du Caerfyrddin: Llawysgrif
Peniarth 1 ©Llyfrgell Genedlaethol Cymru:
ffolios 3r, 4r, 53v; Llyfr Coch Hergest: MS. 111
©Jesus College, Oxford: f88v, f130r
Clawr ôl: Llyfr Du Caerfyrddin: Llawysgrif
Peniarth 1 ©Llyfrgell Genedlaethol Cymru:
ffolios 13r, 29v